数字经济环境下
中国居民消费的
实现效应研究

Research on the Realization Effect of Chinese Residents'
Consumption in the Digital Economy Environment

马香品　著

西南财经大学出版社

中国·成都

图书在版编目(CIP)数据

数字经济环境下中国居民消费的实现效应研究/马香品著.—成都:
西南财经大学出版社,2022.12
ISBN 978-7-5504-5538-2

Ⅰ.①数…　Ⅱ.①马…　Ⅲ.①居民消费—研究—中国
Ⅳ.①F126.1

中国版本图书馆 CIP 数据核字(2022)第 189720 号

数字经济环境下中国居民消费的实现效应研究
SHUZI JINGJI HUANJING XIA ZHONGGUO JUMIN XIAOFEI DE SHIXIAN XIAOYING YANJIU

马香品　著

责任编辑:李思嘉
责任校对:李　琼
封面设计:墨创文化
责任印制:朱曼丽

出版发行	西南财经大学出版社(四川省成都市光华村街 55 号)
网　　址	http://cbs.swufe.edu.cn
电子邮件	bookcj@swufe.edu.cn
邮政编码	610074
电　　话	028-87353785
照　　排	四川胜翔数码印务设计有限公司
印　　刷	四川五洲彩印有限责任公司
成品尺寸	170mm×240mm
印　　张	12.25
字　　数	303 千字
版　　次	2022 年 12 月第 1 版
印　　次	2022 年 12 月第 1 次印刷
书　　号	ISBN 978-7-5504-5538-2
定　　价	68.00 元

前言

　　当今时代，数字技术、数字经济是世界科技革命和产业变革的先机，是新一轮国际竞争的重点领域。在习近平总书记关于加快建设网络强国、数字中国的重要论述指引下，国家出台了一系列的重大战略规划，构建了从顶层设计、战略部署到具体措施的政策支持体系，形成了推动数字经济发展的强大合力，激发了我国数字经济发展的蓬勃活力。目前，中国数字经济已进入高质量发展的新阶段，大数据、物联网、人工智能、云计算等新兴技术进一步催生的数字经济及其他数字经济新业态正深刻变革着中国经济增长的模式和路径。"十四五"期间，数字经济、网络消费仍旧是促进国内国际双循环、构建新格局的重要驱动力。在生产领域，数字经济与传统制造业等行业加快融合，驱动着传统产业的结构性变革；在消费领域，数字经济促进了消费数字化、便利化，正在衍生出新的消费形态与模式。信息技术进步和数字化推动了互联网消费，网络消费作为数字经济的重要表征正从市场结构、消费结构、消费行为等方面改变着传统消费模式。

　　本书是在网络消费经济学、消费心理学和消费行为学等相关内容的理论指导下，从宏观、微观视角同时分析了数字经济环境下的居民消费，深度考察了数字经济环境下居民消费的实现过程及其效应。本书首先基于宏观统计数据的统计性分析和计量性分析探究数字经济环境下中国居民消费发展的现状、特征、影响因素和存在问题，从经验视角对数字经济发展通过影响居民收入、社会生产模式和企业商业模式等继而引发居民消费行为、消费习惯和消费心理变革的效应进行了阐释；其次，结合总体、微观、宏观三个层面，从理论角度详细分析了数字经济环境下中国居民消费的实现效应，挖掘了数字经济带来的成本降低和基础设施改善、消费者行为变化以及宏观因素变化给居民消费行为带来的影响；再次，基于微观层面消费者消费行为和消费结构的调研、宏观数字经济和居民消费数据，综合应用倾向性得分匹配方法、联立方程模型、面板数据模型以及向量自回归模型等方法对数字经济环境下居民消费实现过程的总体效应、微观效应和宏观效应进行检验；最后，结合理论分析与实证检验，针对数字经济环境下居民消费发展存在的问题，从消费环境、消费模式、消费体系等方面提出了针对性建议。

面向新时代、新征程，我们必须深入学习贯彻习近平新时代中国特色社会主义思想，更加紧密地团结在以习近平同志为核心的党中央周围，把握新发展阶段、贯彻新发展理念、构建新发展格局，抢抓新一轮科技革命和产业变革新机遇，不断做强、做优、做大数字经济。在数字经济的驱动引领下，进一步促进我国数字技术和实体经济的深度融合，推动数字化绿色化协同转型发展，实现数字产业化和产业数字化，为中国在新一轮产业竞争中抢占制高点，为中国经济迈向高质量发展，为实现中华民族第二个百年奋斗目标、实现中华民族伟大复兴的中国梦提供动力。

本书在本人博士论文的基础上，结合贵州省乡村振兴实践著成，并作为"贵州省高校乡村振兴研究基地"和"贵州省普通本科高校 2011 协同创新中心——贵州省民族乡村社会治理共同体 2011 协同创新中心"的阶段性研究成果出版。本书中图表和文字，由西安科技大学高新学院薛亚楠、苏嘉明、梁惠珍、肖飞老师做了进一步的核正，在此一并表示感谢。

马香品

2022 年 7 月

目录

1 绪论

1.1 研究背景与研究意义

1.1.1 研究背景

当前，信息技术、网络技术的出现逐步改变着人类社会的生活生产方式，其影响超过了之前的任何一次科学技术革命，它推动的数字经济作为一种新的经济形态，对于现实经济系统，无论是生产、流通还是交换、消费，无论是国内还是国外都是一种基本性的变革力量，是机遇同时也是挑战和严峻考验，机遇与挑战并存。在生产领域，数字经济与各个行业的深入融合发展，改变着各个行业的组织生产结构，驱动行业的结构性变革。在消费领域，数字经济深入影响消费者的消费行为和消费习惯等，驱动消费的数字化、虚拟化。数字经济促进了消费的数字化、便利化，正在衍生出新的消费形态。在"十四五"期间，国家出台的关于扩大居民消费的系列政策将是经济高质量发展与双循环新格局战略的重要方向。

居民消费的形成、发展、变迁及过程、影响因素及升级优化问题一直是经济学研究的热门问题，生产决定消费、消费反作用于生产，数字经济条件下，互联网经济环境对于实体经济传统商业模式及传统消费模式产生了重大冲击与影响，企业生产经营方式的变革也必然会促使居民消费的水平升级、质量更新和结构升级。马克思的社会两大部类理论关于消费与生产关系的阐释认为，两者相辅相成、互相作用、互为支撑①。在如今数字经济环境下，消费已经不同于以往对总量的需求，而更多地呈现的是居民对优质的消费质量、多元的消费

---

① 唐小彬. 论马克思关于消费经济的十大原理 [J]. 厦门大学学报（哲学社会科学版），1989（1）：17-23.

结构的需求。数字经济环境下的居民消费升级必将受到现时期居民收入、消费行为以及现代企业生产方式、商业模式等的多重影响。

同时，在目前人口红利逐步减弱、出口疲软、外部不确定性因素增多的现实情况下，拉动经济的出口和投资都面临着众多的不确定性，因此加快探寻促进中国居民的消费升级以助力本国的经济增长已是必需之策。

时代在变化，社会主要矛盾已经转变为对人民日益增长的美好生活需要和不平衡不充分的发展之间的矛盾，这正表明人们的消费需求已经发生明显变化了，可持续的、安全的绿色消费、高质量的网络消费、公共服务与大众消费等等需求问题已经出现，这些都体现在居民消费升级优化之中。不能忽略的是，新的历史背景的变化，从原来的农业化、工业化、信息化到现在的网络化、智能化，人们的消费需求、模式、结构也在跟着发生变化，消费需求从实用、耐用消费品到享受、娱乐、场景式、高质量类生活品，消费模式从线下的商店购买到线上的网店购买，消费结构从生存型消费到生活型消费，一系列以"互联网+""大数据"和"智能制造"等新兴技术表征的数字经济新形态已经逐渐形成，并改变着人们的消费需求、消费习惯、消费行为、消费水平和消费结构，进而逐步成为扩大中国内需及促进居民消费结构升级的新引擎。

数字经济催生的网络消费大大拓展了消费实现空间与时间，并表现出强劲的生命活力与增长趋势，数字经济环境下的居民消费较传统消费也发生了新的变化，呈现出了新的特征、新的规律；数字经济呈现的直接性、快捷性、渗透性等特征促使更多的消费实现，不断增强消费者对数字经济环境中的交易平台技术体系的依赖性。

同时，从目前现实来看，网络条件及数字经济效应对于新一轮消费升级越来越具有重要的影响。中国互联网的历史是从 1994 年正式开始，2000 年后真正开始快速发展。截至 2019 年年底，中国网民规模达到 9.29 亿人，互联网普及率为 63.6%。与 2000 年 1.8% 的互联网普及率形成鲜明对比。从 2004 年网民网络购物使用率 24.5% 到 2018 年网络购物的使用效率 73.6% 的变化过程可看出，短短 12 年时间，网络在人们心中的印象以及网络所带给人们的便捷使得人们愈加接受网络，造成网络在人们生活中的高渗透性。这也说明随着网络的进一步发展，许多网络购物所遇到的问题依次地被解决，人们逐渐感到网络购物带给他们消费欲望的满足以及便利性的增加，网络购物越来越被人们使用，成为人们消费的一种便捷、快速的方式，促进消费流程、消费行为模式等发生显著变化。与此同时，消费者的消费行为、观念、环境也随着互联网的变化而不断地变化、发展。同时，从1999到2018年居民人均各项支出占总支出的比重的关系变化，其中食品支出逐年下降，说明人们不再满足于单纯的温饱的消费需要，更多地追求高品质、多样化的消费需求。居住方面支出随着现今房价的上涨也有了明显的提高，再加上人们开始更多地追求健康、便捷的生活方式，使得医疗保健以及交通通信支出有了明显增长。

综合来看，网络条件下的居民消费规模以及消费结构的变化体现着一种消费规模更加快速增长以及消费结构更加健康、高质量的升级与优化趋势。

近10年来，中国经济总量快速增长，其增长速度已远远超过其他国家，排名全世界第二，但反观最终消费占国内生产总值（GDP）的比重介于55%~65%，仍属于发展中国家范畴，2018年上涨到76.2%，但相比于发达国家的80%以上的比重，中国最终消费支出的贡献率还相差很多。武晓利、晁江锋等（2014）的研究表明，扩大居民消费需求、推动消费结构升级已经成为中国经济转型的重中之重，中国经济表现为较高速的增长趋势与较低的居民消费水平共存[①]。

以"互联网+""大数据"和"智能制造"等系列技术成果普及应用为表征的数字经济正悄然改变中国居民消费的习惯、行为与结构，并逐步成为扩大中国内需及促进居民消费结构升级的新引擎，数字经济环境下的消费变革正引发学界的普遍关注。

综上而述，居民消费是经济学研究的热点问题，新发展格局下，数字经济环境下，伴随中国经济增长方式、增长速度的转变及经济结构的转型升级，扩大居民消费需求以及推动居民消费升级不仅是保持中国经济中高速增长的需要，也是中国转变经济增长方式及经济结构优化升级的内在要求。同时，消费作为驱动经济增长的"三驾马车"之一，特别是当经济遭遇到投资疲软和出口乏力的现今，双循环格局下基于内部消费增长以促进经济增长的战略愈加重要。

在"十四五"期间，扩大中国居民消费需求，既是保持我国经济中高速增长的需要，也是我国实施新发展理念，形成新发展格局，转变经济增长方式及经济结构优化升级的内在要求，更是符合十四五规划目标要求的体现。

数字经济时代的到来，尤其是"互联网+"及其系列技术成果普及应用，

---

① 武晓利，晁江锋. 财政支出结构对居民消费率影响及传导机理研究：基于三部门动态随机一般均衡的模拟 [J]. 财经研究，2014（6）：4-15.

在经济新常态下，是否能成为扩大中国内需及推进居民消费结构升级的新引擎？数字经济下各种消费环境、消费支出、消费结构等变化的出现，再加上对消费品生产的产业结构变革的影响，显示着网络已经成为现代消费升级不可避免的客观背景和影响条件。这些问题正促使着中国居民传统消费演化模式的变革与升级。

结合上述，面对数字经济及网络消费的现实问题，只有明确认识才能有备无患，才能主动、更好地选择采取数字经济环境下的消费的理性策略与行为模式，最终为数字经济环境下国民经济创新与高质量发展的战略做出贡献。因此，分析改革开放后及数字经济环境下中国居民消费结构发展变迁的动态趋势和演变规律，探寻数字经济环境下的中国居民消费的形成与实现的过程及效应和因果关系、实证检验数字经济环境下的中国居民消费的升级与结构优化，探讨其实现路径及对策等已经成为一个急需国内学界的关注的重要问题，研究探讨数字经济环境下中国居民消费的水平升级与结构优化具有极为深远的意义。

1.1.2 研究意义

本书的研究具有以下的理论意义和现实意义：

1.1.2.1 理论意义

本书研究数字经济环境下的居民消费实现过程，综合了消费经济学和数字经济学研究内容和研究方法，在理论上具有一定意义：

（1）数字经济时代居民消费的本质，仍是基于人的需求，数字经济环境下居民消费的讨论研究依然是在消费经济学研究框架范畴下，但同时，数字经济为居民消费带来了新的消费环境、消费方式和消费产品等，为居民消费的研究带来了新视角。因此，在数字经济环境下探讨居民消费，有助于拓宽居民消费研究的视角。

（2）多数关于数字经济和居民消费的研究聚焦于网络消费，但事实上，网络消费与数字经济下的居民消费内涵是不同的，网络消费更偏向于一种消费新业态，而数字经济下的居民消费含义则更为广泛，包括消费方式、消费环境等。另外，已有多数研究关注数字经济如何促进居民消费，但对具体的实现效应则未进行深入的讨论。因此，本书聚焦于数字经济下的居民消费实现效应有助于深化网络消费相关研究。

（3）由于公开数据较少，数字经济环境下的居民消费研究多为定性或经验研究，实证研究相对较少。本书同时基于调研数据和公开数据，采用面板数据模型、倾向得分匹配以及自回归向量模型等计量模型实证检验数字经济下居民消费实现的总体效应、微观效应和宏观效应，有助于推进数字经济和居民消费的实证研究。

1.1.2.2 现实意义

扩大居民消费、发展消费型经济，是中国在"十四五"期间较为重要的经济发展战略，而以数字经济为代表的新模式、新业态在经济发展过程中，有利于促进中国居民消费的升级和优化，尤其是在突发疫情时期和后疫情时代，数字经济为居民消费规模扩大和结构升级提供了重要的机遇。在经济增速放缓而内需不足、智能化数字化快速发展的背景下，研究如何通过数字经济提升居民消费，释放居民消费潜力，发挥消费主动力的红利优势、市场优势和规模优势，对于新时代中国高质量经济发展具有重要的现实意义：

（1）从数字经济视角分析居民消费，能够充分了解数字经济环境下居民消费的发展现状、特征及存在问题，深刻把握数字经济环境下居民消费的实现效应和优化路径，为推进网络消费，释放居民消费的实践操作提供新视角。

（2）从总体、宏观和微观视角考虑数字经济环境下居民消费实现过程的具体效应，基于宏观因素和消费者个体影响因素进行的理论分析，对于从宏观视角、消费者自身心理视角促进居民消费有一定的指导意义。

（3）基于数字经济和居民消费现状、特征和存在的问题，以及根据实证结论提出的具体对策建议，对合理发展数字经济、加强网络消费基础等方面有一定的现实指导作用，同时也为居民消费提质升级提供了具体的实践措施。

1.2 研究方法

本书按照理论与实际相结合、定性与定量相结合的基本思路展开数字经济环境下居民消费实现效应与优化升级的研究，主要采用了文献归纳法、调查研究法、统计分析法和计量分析法等方法。

1.2.1 文献归纳法

采用关键字搜索法搜集国内外经济文献数据库中数字经济和居民消费相关文献，分析梳理相关文献，从研究视角、研究内容、研究方法以及研究框架等方面归纳整理该领域研究进展，基于已有文献提出本书研究视角和理论框架。

1.2.2 调查研究法

应用调查问卷、实地访谈等调查研究方法，选择陕西省城市居民为调研对象，围绕其网上消费行为、对网络及数字经济的认知，消费行为及消费结构的改变等展开问卷调研；选择重点人群进行深度访谈，借助第一手资料为居民认知、消费行为及消费结构间的关系研究提供支撑。

1.2.3 统计分析法

应用图表分析、典型相关分析和格兰杰因果关系检验等方法基于获取的时间序列数据展开相关分析和因果检验；同时，应用统计性描述方法对问卷及访谈等形式搜集回的数据、资料，借助计算机软件进行统计分析与数据描述，观察居民认知、消费行为及消费结构所表现出的数据特征，为下一步揭示数字经济环境下城乡居民消费变迁的现状和特征提供支持。

1.2.4 计量分析法

1.2.4.1 面板数据模型
对于消费结构优化的问题，从质的角度，以 AIDS 理论模型为分析工具，运用面板数据模型，实证检验数字经济环境下居民消费结构优化的具体表现和总体效应，研究分析数字经济环境下居民消费在结构上质的优化与提升。

1.2.4.2 应用倾向性得分匹配法（PSM）
选择匹配变量、协变量分组变量；建立 logistic 模型，反事实推断数字经济环境下居民认知引发的消费结构及其他要素的变革，通过参数估计与检验，验证上述关系的存在性，在此基础上分析影响效应。

1.2.4.3 联立方程模型
为检验数字经济影响居民消费的路径和微观效应，构建联立方程组模型；用以反映变量之间的相互作用关系，通过分析数字经济环境下对中国居民消费结构影响的因素，来比较研究影响的差异性。

1.2.4.4 面板向量自回归模型方法
用以分析数字经济环境下中国居民消费水平的优化升级，分析表明，数字经济的发展促进了中国居民的消费水平的升级，明显起到了一个正向的促进作用。

1.3 研究内容与研究思路

1.3.1 研究内容

本书的研究内容如下所述:

第1章为绪论。本章阐述了本书的研究背景与意义、研究方法、研究内容与研究思路、提出研究中可能的创新点。

第2章为理论基础与文献综述。本章界定了数字经济、消费行为、消费习惯、消费结构的概念与内涵,同时基于文献梳理和归纳,分析马克思主义政治经济学、古典经济学、消费行为学和消费心理学等经典理论对于揭示数字经济环境下居民消费变迁特征、变迁机理和内生机理的适用性;检索了国内外关于居民消费理论、数字经济环境下居民消费结构变革等的研究文献,评述了国内外研究现状。

第3章为数字经济环境下中国居民消费的现状分析。本章首先分析数字经济新业态下中国居民消费现状,包括数字经济和居民消费的基本情况;其次介绍数字经济环境下居民消费发展的特征,主要表现为宏观特征和微观特征,进一步应用描述性统计分析方法、时间序列分析、典型相关分析和格兰杰因果关系等方法分析中国居民消费变迁的基本特征以及数字经济基础产业发展与生存型消费、享受型消费和发展型消费间的因果关系和结构特征;再次探究数字经济环境下居民消费的影响因素,从网络基础设施(互联网基础设施建设水平、互联网普及率、互联网应用和成效)和数字经济环境下国民经济综合影响因素(国民经济发展总体水平、产业发展水平和产业结构状况、个人及家庭收入水平、消费环境、人口数量及结构、房价水平以及经济政策和利率政策)两方面入手,探讨数字经济环境下影响中国居民消费的因素;最后基于现状、特征和影响因素,指出目前中国居民消费升级存在的问题。

第4章为数字经济环境下中国居民消费实现效应的理论分析。本章首先,从总体上分析了数字经济环境下中国居民消费的实现效应,主要是控制降低消费行为的消费成本刺激消费决策与行为的过程;其次,从微观个体层面探讨居民网络消费的实现,主要指网络等数字经济技术与条件对消费个体性行为的影响,也就是说,数字经济环境通过改变消费习惯而驱动了居民的消费效应及消费过程;最后,从宏观层面研究了网络如何通过影响宏观政策及外部支持环境来影响居民消费，包括网络对公共支出及居民消费的间接引致、外部消费环境间接支持效应。

第5章为数字经济环境下中国居民消费实现效应的总体实证分析。本章首先对研究居民消费结构的理论模型AIDS模型进行扩展和分析，其次选取互联网普及率（ipr）、移动电话普及率（mpr）、网络购物渗透率（osp）以及网络支付渗透率（npp）等指标，作为衡量数字经济发展水平的代理变量指标，被解释变量是居民的消费结构及优化，应用面板数据模型，实证检验数字经济环境对居民消费结构优化的具体影响。

第6章为数字经济环境下中国居民消费实现效应的微观实证分析。本章设计了调研问卷，以家庭宽带网络接入为测度指标度量居民数字经济介入强度、以网络消费行为度量居民消费行为；借助调研问卷获取消费者个体层面微观数据。本章应用倾向性得分匹配方法（PSM），以居民消费结构为结局变量，居民数字经济介入和城乡差异为分组变量，反事实推断上述两变量对于居民消费结构（变迁）的处理效应。本章选择居民可支配收入、网络消费行为、消费习惯和消费结构为内生变量；选择居民数字经济介入、区域经济发展水平等为外生变量。本章应用豪斯曼内生性检验方法检验并印证变量间存在内生性问题。本章构建了联立方程组模型，包括可支配收入方程、消费行为方程、消费习惯方程和消费结构方程。本章借助三阶段最小二乘法进行实证检验，探析数字经济条件下居民消费结构变迁的路径和内在效应。

第7章为数字经济环境下中国居民消费实现效应的宏观实证分析。本章分别选取互联网普及率（ipr）、移动电话普及率（mpr）、网络购物渗透率（osp）以及网络支付渗透率（npp）四个变量，作为衡量数字经济发展水平的指标，建立了面板向量自回归模型（Panel-VAR），实证检验数字经济环境下中国城乡居民的消费水平及消费能力的升级与发展变化。

第8章为结论、对策建议、不足与展望。本章总结全书研究过程和主要观点，基于效应分析和影响效应实证检验结论，针对性地提出数字经济环境下促进居民消费结构优化升级的政策及建议，并对尚待研究部分作展望。

1.3.2　研究思路

本书的研究思路如图1-1所示。

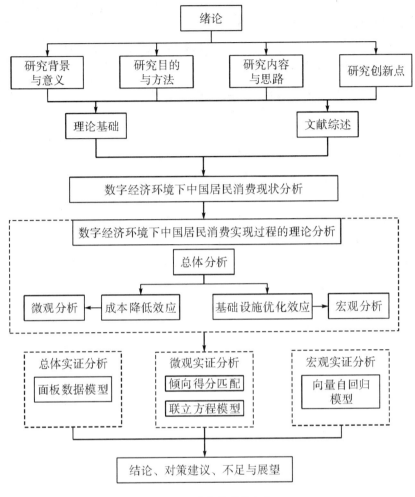

图 1-1　本书的结构框架

1.4　主要创新点

本书基于数字经济和居民消费相关理论,分析数字经济环境下居民消费实现效应,并从总体、微观和宏观层面进行了实证检验,本书创新点可以归纳为以下三点:

第一,研究视角有所创新。在对数字经济和居民消费相关概念、内涵及理论进行界定和阐述的基础上,借鉴新古典消费经济学以及消费心理学等理论探讨了数字经济环境下居民消费的实现过程，从总体、微观和宏观三个方面考察数字经济环境下居民消费的实现效应。相比已往文献，本书从宏微观视角同时分析了数字经济环境下的居民消费，研究视角相对有所创新，有助于进一步拓展网络消费的理论研究。

第二，研究内容有所深化。在数字经济环境下居民消费的实现效应过程的探讨中，本书首先基于成本降低效应从总体上分析了数字经济环境下的居民消费；其次从个体消费行为网络化和收入效应两个层面探讨了居民网络消费的微观效应，深入探讨在数字经济环境下，居民消费有何变化且该变化如何实现；最后从公共支出保障效应和消费环境的支持效应两方面研究了网络消费的宏观效应，探讨在宏观层面网络环境实现消费升级。通过多层次的深入分析，有助于深化和拓展数字经济环境下居民消费的实现效应研究。

第三，研究方法有所改进。本书基于消费者心理和行为理论，利用倾向得分匹配和联立方程模型研究数字经济环境下居民消费实现过程的微观效应。本书采用问卷调查方法获取消费者个体层面微观数据，通过实验分组和计算倾向得分，从微观层面推断数字经济介入与居民消费结构的因果关系，构建联立方程组展开实证检验。本书通过实证研究进一步明晰了数字经济驱动居民消费行为变迁、形成新消费习惯，进而引发居民消费结构变迁的路径和微观效应，有助于为数字经济环境下刺激居民消费提供微观证据。同时，采用多元实证方法也有助于解决样本个体差异及混杂偏倚、克服单一方程及多元回归模型在内生性处理上的不足。

2 理论基础与文献综述

2.1 居民消费的理论基础

2.1.1 相关概念与基本内涵

2.1.1.1 相关概念界定

将居民消费结构及其变革置于数字经济这一新经济业态的分析框架，需进一步明晰数字经济的内涵，并窥探数字经济业态下居民消费习惯形成、消费行为产生继而引发消费结构变革的特征。同时，也应明晰数字经济下的居民消费问题研究并没有突破消费经济研究范畴，仍是需要在消费经济研究框架范畴下，考虑数字经济所带来的各种消费条件及新变化，研究其现状、问题及趋势，消费需求、消费环境、消费结构以及影响消费的各种因素，发现网络对消费升级的效应，探讨效应的对策与措施。

本章通过辨析数字经济、消费习惯、消费行为以及消费结构的概念和内涵，界定研究的范畴和框架。

（1）数字经济

数字经济是人类经济发展的新阶段，也是一种新的经济形态，是经济发展的一种新模式。其主要是指基于数字经济效应的经济组织、经济结构及经济效果，涉及了互联网金融、跨境电商、网络消费、网络教育以及数字数据服务等领域的经济效应与经济价值。

数字经济从实践意义上是指所有企业与组织利用互联网（包括企业网、外部网及局域网）来解决经济社会问题，以降低企业生产经营成本、增加市场价值并创造新的经济机会的所有经济实践活动。

经济行为主体和经济链，作为数字经济的两个重要组成部分，构成了整体的"集"。数字经济不再是简单的信息的获取中心，更变成一种信息处理以及信息整合，最后触发消费不断优化升级。

数字经济所包含的不仅仅是参与生产消费的各个经济行为主体，还有这些主体之间相互联系的经济链。在现实中，这些经济链可以是同行业的，也可以是不同行业的。这种网络以及在此之上建立的数字经济的整体的生产消费关系的建构，构成了新的生产力条件下的消费升级的网状逻辑，生产与消费不再是原来单纯的推式的消费以及生产过程，而是一种消费与生产并行，及时沟通与链接，能有效提高消费与生产的全过程的效率和价值，有效地整合消费者信息，进行消费链与供应链相连，提升效率、质量和价值的新的消费、生产方式的体现。这种"网"的存在使得整个消费过程便捷、快速增长、适应变化，在一定程度上促进消费升级。

从网络造成的生产组织结构以及消费组织结构薄平化的角度来看，网络的这种直接性的拓扑结构的存在，为消费者与生产者提供直接交流、链接的可能性，使得中间商层次越来越少，生产直接针对消费者模式，直接自己掌握消费者偏好信息，灵活、流动地为消费者提供商品，消费者也真正从买者变为用户，长期地进行商品的消费，真正满足消费者消费需求的同时，不造成资源的过度浪费，也为企业生产提高效率，这种模式的存在其实一定程度上正是建立在网络的基础上，正是网络使得生产者与消费者能直接沟通，降低不必要的损耗，以较低的交易成本，较高的收入，带来经济效益的增加。

（2）居民消费行为

消费行为，一般称为消费者行为，有广义和狭义之分。具体表现如下：

从广义角度来讲，消费者行为是指为满足生存、生理、成长及自我提升等不同需要，消费者所采取的索取、交换和购买行为以及实现消费者购买行为的社会活动的总称。马克思消费理论则将消费行为贯穿于商品的整个流通过程，认为资本的最终剩余价值必须经过社会消费行为转为劳动并获取增值，同时消费行为还涉及更为复杂的社会生产、收入分配等过程。

从狭义角度来看，学者对于消费行为及其内涵的研究多从消费意向、消费决策等剖析消费行为产生的过程。刘平峰等（2018）将消费者行为划分为购前活动、购买决策和购后行为三个阶段，并分析了其行为演化特征；武瑞娟和李东进（2009）认为消费行为不仅是人们深化产品认知的重要途径，而且是满足消费者效用的重要方式，进而从购前和购后两方面分析了消费者行为产生过程，其中购后行为的产生包括用户感知、满意度评价、行为意向和重复购买等。

（3）居民消费习惯

消费习惯形成理论认为，消费者当前的消费偏好，在一定程度上会受到过去消费惯性的影响，习惯的养成不仅需要长时间的动态调整，而且消费习惯一旦形成，消费水平将会固化；同时，消费习惯还表现为外部的"示范效应"和"棘轮效应"，依据马斯洛需求层次理论，消费者总是出于某种层次的需要包括低层次需要和高层次需要而产生某种消费动机，继而产生购买行为；对某些商品，消费者需求和购买行为具有显著的长期性和稳定性，并对消费行为产生持续性影响。陈兴达（2019）从对农村居民消费现象的观测中，提出消费是不可逆的，消费习惯建立在居民对产品的想法或思维定式基础上，表现出一定的耐久性。

借鉴上述研究成果，本书将消费习惯进行如下定义：居民长期的消费中所形成对于某类商品的持续性消费倾向，这种消费倾向还具有刚性特征，在短期内不可逆转。

（4）居民消费结构

马克思消费论虽未直接阐明消费结构的内涵，但从其经典著作及马克思主义者对马克思消费论的理论延展中仍能发现一些重要论断：首先，马克思将生产消费资料分为必要生活资料和奢侈生活资料两大部分，实际上从宏观上已经明确了居民消费的结构；其次，马克思又提出消费品也包括两大部分，分别为以商品或实物为表现形式的消费品以及以服务为表现形式的消费品，恩格斯在此基础上将消费资料分类为生存资料、享受资料和发展资料；最后，马克思主义者列宁创造性地提出消费结构呈比例地反映消费状况，而斯大林则将消费分为物质性消费和文化性消费。

借鉴马克思及后继者对于消费结构的论断，本书将消费结构定义为：在一定的社会经济条件下，由人的消费行为所引致的消费不同类型商品或服务的比例及其制约关系的总称。

2.1.1.2　数字经济环境下居民消费的实现过程及基本内涵

（1）居民消费的实现过程

数字经济在扩展消费场景（空间与时间）的同时，加深了消费实现供求双方的信息互通性，有效推动个性化定制化消费，在一定程度上促进消费行为的形成。此外，网络化的运作、组织模式使得销售价格和信息搜寻成本进一步降低，消费成本的降低，极大程度上促进了消费扩大，也使消费需求不断升级。总体来看，数字经济环境下，居民消费升级是包括消费主体、消费客体、消费环境以及消费结构的发展、优化和升级，是一种总量以及质量的双重提高的过程，是伴随着生产力发展变化而形成的人们生产关系、消费关系以及消费结构的变化、优化与升级、变迁、发展。

（2）居民消费发展变迁的基本构成与影响要素

数字经济环境下居民消费的体系与系统的实现过程，是"网络协同"的数字经济基本原理在消费问题上的应用与具体化。"网络协同"是历次科技革命的经典案例阐述了"协同"的价值与真理性。

数字经济环境下的居民消费是以个人的某些产品与服务的交易活动为"点"，以网络互联和流通交汇为"线"，通过第三方所搭建的开放平台，推进经济模式重构，搭建协同化消费的价值网络，以期创造资源再利用和价值增值的消费升级的"面"的体现。其基本特征表现为网络信息、交易平台的载体。数字经济环境下的居民消费的信息沟通、匹配、交易等市场活动都是在网络平台上完成的，需要借助网络平台的交易中介的作用，以达到绿色消费、可持续利用的消费升级的目标要求。

数字经济环境下的居民消费是一种强调个人为主体，以获取报酬为目的，通过第三方组织运营的数字平台来交易资源的市场活动。其注重使用权的暂时性和闲置资源的共享，优步和爱彼迎的模式就是典型的共享经济产业模式。使得每个参与主体利用互联网平台进行交流，满足消费需要的同时也满足社交需要。总体来看，数字经济环境下的居民消费的内涵还在不断地发展演变中，其以各种不同的形式进行市场活动，灵活多样，满足物质效用的同时也满足精神效用。数字经济环境下，消费者群体可以达到一种协同消费的优化状态。该种优化状态会受到诸如经济、环境、社会和技术四大方面的动机作用，正是这四种动机协同消费产生的可能性。

数字经济环境下居民消费的体系与实现过程主要包括：居民网络消费的基本品、数字经济环境下居民网络消费中的信息识别与信息认识、数字经济环境下居民网络消费中的信息商品的有偿消费、网络消费行为、机理、交易平台与支撑体系、互联网技术支持、消费环境等。

居民网络消费的基本"点"就是消费的着力点、落地点，主要指消费品和服务。网络消费"点"是数字经济环境下居民消费体系研究的逻辑出发点。传统消费"点"主要是指一些实物形式和价值形式的消费。从消费需求层次看，可分为生存资料、享受资料、发展资料（恩格斯划分），每个消费点的存在都是对于链接整体消费关系促使消费体系系统升级的关键因素，但在整个消费体系的环境的变化过程中，一部分传统消费点慢慢弱化，另一部分慢慢加强，同时这种趋势的变化，对于消费者消费需求的满足以及价值的提升都起到非常重要的作用。

网络消费基本"点"对消费者、厂商以及整个社会都有一定的积极作用。首先，对于消费者来说，网络消费跨越了时间、地域的限制，能随时随地进行商品的购买，商品信息的透明化以及分类化也使得消费者节省了消费时间，快速地选购商品，完成消费过程，同时多样化的商品的出现使得消费者更加理性地对待商品的选择，以期选到真正适合自己的、让自己满意的商品。其次，网络销售所带来的较低的经营成本（无库存压力、经营场所的不受限等）使得众多的企业选择网上销售商品，商家可有效地通过网络进行信息的沟通和反馈，适时调整经营战略，有效提升企业生产运作能力，最终在数字经济环境下为消费者提供更好的服务。最后，从整个社会经济来讲，网络购物能够实现资源的高效率、宽领域的合理有效配置。

数字经济环境下消费升级。黄隽、李冀恺（2018）对消费升级"点"的判定就是依据各种需求层次进行划分以及趋势变化判断，用生存（食品、衣着）的升级和享受（休闲娱乐、旅游）的出现以及发展（健康、医疗）、服务（交通、教育）的升级来体现整体消费升级，这里消费"点"就着重在生存资料品质、享受资料总量以及发展资料品质的方面[1]，由这些点在网络以及流通双"线"的配合下，形成最佳的消费升级"体"的出现。同时，从实际消费支出看，分为吃、穿、住、用、行等消费内容，这些消费内容的"点"的存在同样像上述消费需求层次划分一样，以各点在网络以及流通双线的支撑下，实现消费升级。

消费可以分为实物消费和劳务消费。这种划分更着重在消费品的内容上，数字经济环境下的消费升级的点的存在更是一种实物品质化、定制化，劳务多样化、个性化、体验化的过程，正是数字经济以及实体性流通的线上线下"双线"的存在使得这一过程成为可能。现实消费划分为物质需要的消费和精神文化需要的消费，在传统意义上，一般人们都注重物质需要的消费，而轻视精神文化的消费，这是在物质生产力不发达时期的必然结果。目前，数字经济环境下，随着现今网络以及流通时代的双线运行，消费升级的点的出现，要进行新的重构[2]。这一规律是一切社会化生产条件下人们消费需求变化的普遍规律。在生产力发展的同时消费趋势也随之变化，一般呈现出上升的总态势，这也是研究消费升级的原因。由于消费趋势随着生产力发展而变化，在现代社会中能看到生产力水平从

---

① 黄隽，李冀恺. 中国消费升级的特征、度量与发展［J］. 中国流通经济，2018（4）：94-101.

② 厉以宁. 西方经济学［M］. 2版. 北京：北京大学出版社，1992.

以前的信息化逐步迈入智能化的趋势，在这种趋势的影响下，消费趋势也在发生着变化，不断地上升，形成消费升级的总态势。

消费升级所包含的内容非常丰富，既包括消费需求的升级，也包括优化。也就是说，消费需求在总量上以及质量上对于生产提出的更高的要求，是消费总量的增加以及质量的提升的体现，同时包括消费环境的升级。

黄隽、李冀恺（2018）研究认为，消费升级是消费内容的变动，这一变动主要以消费结构优化为代表[①]；杜丹青（2017）认为，消费升级包括几个方面，分别为消费对象升级、消费方式升级、消费理念升级等，是侧重于消费客体以及消费环境的双重升级[②]；王茜（2016）认为消费升级更侧重于消费需求，也就是消费主体的升级，指的是消费者对全新生活方式的追求（个性化、定制化、小众化），对更高质量生活和消费的追求，对附加价值（体验式）的追求，对情感互动和价值认同式的追求[③]。

随着新的生产力发展，新的消费"点"包括信息消费和网络消费，带动了整个消费升级的步伐。信息消费是伴随信息技术发展而产生的新的消费概念，是一种相比于传统消费点的新的消费点的出现。在网络背景下，不仅网络购物兴起，还有一系列的其他网络服务，如网络音频、网络新闻、网络游戏、网络教育、网络直播、网上支付、网络金融等，这些都在一定程度上促使人们进行消费，带来人们消费的多样化与定制化。新的数字经济活动方式、网上交易模式、"移动互联+物联网+大数据"的消费者理性消费、并联式企业和产业组织结构，拉式推动器、网上监督型政府等一系列只有在网络背景下才能实现的场景。同时，随着人们收入的增加，人们对所消费商品的质量、绿色环保、健康等都提出了新的要求，这也是中国供给侧结构性改革的原因之一。同时，网络时代不仅带来消费的快速、便捷化，还引起一股新的消费浪潮，也就是新的消费增长点的出现，比如"网络信息消费""网络游戏消费""网络文化消费""网络视频消费"等，这些新的消费增长"点"的出现，是增强网络可接受性、适用性的存在，同时这些"点"又通过网络这条"线"的链接更加快速增长与繁殖，真正把握到每个消费者头上，了解每个消费者的消费偏好信息，随之推送促使消费者进行消费的各种商品信息，进一步扩大居民消费的升

---

① 黄隽，李冀恺. 中国消费升级的特征、度量与发展 [J]. 中国流通经济，2018 (4)：94-101.

② 杜丹清. 互联网助推消费升级的动力机理研究 [J]. 经济学家，2017 (3)：48-54.

③ 王茜. "互联网+"促进中国消费升级的效应与机理 [J]. 财经论丛，2016 (12)：94-102.

级。在某种程度上正是这些网络消费"点"的出现与扩张，一步步拉动消费者消费升级的变化。

2.1.2　数字经济环境下居民消费的相关理论阐释

2.1.2.1　马克思主义政治经济学对数字经济环境下居民消费实现效应的理论阐释

马克思政治经济学对于居民消费的阐释主要见于其经典著作如《资本论》《政治经济学批判》以及《剩余价值理论》等。

"生产媒介着消费，它创造出消费的材料，没有生产，消费就没有对象。但是消费也媒介着生产，因为正是消费替产品创造了主体，产品对这个主体者是产品。产品在消费中才得到最后完成。"[①] 同时，马克思从生产力与消费力关系的角度出发，还指明了消费对于社会生产的重要作用包括两个方面：一是，厂商生产的商品的使用价值必须以满足消费者需要为目的，否则社会生产则失去了其必要性；二是，厂商生产的商品的种类、规格、外观、结构和比例等必须满足社会需要，在生产和消费实现均衡的条件下，社会生产才可以得到必要补偿。

马克思消费思想及构建的消费理论体系集中体现在《政治经济学原理》《德意志意识形态》和《资本论》等经典著作中。通过阐述"三个关系"和消费差异化的批判，勾勒了消费形成及变迁的基本逻辑：马克思消费理论对"三个关系"的论断。通过论证消费与生产之间关系，提出消费的生产决定论。马克思认为两者之间既具有同一性的关系，又有着互动性的关系。在生产方面，它既创造了消费材料，决定了消费方式，又创造了消费能力。因此，两者的相互关系，是不可分割的。通过论证分配与消费的关系，提出要素分配决定消费分配的观点。马克思认为生产要素的分配决定了消费资料的分配，而生产方式的性质又决定了要素分配的格局。而对于消费与交换的关系，马克思认为交换范围决定消费的规模，同时消费也制约着流通的规模。

新时期，只有促进生产与消费的协调发展，才能保证居民更加充分地享受发展成果，实现全面发展[②]。继农业经济和工业经济之后，中国已进入数字经济新时代，新技术、新业态逐步缩小了城乡居民消费的差距，农村居民消费需

---

① 马克思，恩格斯.马克思恩格斯选集：第2卷 [M].中共中央马克思恩格斯列宁斯大林著作编译局，译.北京：人民出版社，1972：94.

② 郭克莎，杨阔.长期经济增长的需求因素制约：政治视角的增长理论与实战分析 [J].经济研究，2017（10）15-16.

求呈现出多元化的趋势。数字经济时代的到来，不仅提高了产品升级换代的速率①，也带来不同程度的消费异化，使人们不由自主地处于一种消费蛊惑，甚至消费陷阱中；马克思对资本主义消费异化展开了批判，并提出产生消费异化的原因在于资本逻辑下属于价值增值的消费者被奴役的状态。

马克思主义在对"三个关系"的论断和对消费异化的批判中，提出了生产消费和个人消费的划分观点，进而辨析了生产与消费间的作用关系，对探究数字经济时代城乡居民消费习惯、消费行为和消费结构变迁具有重要启示。马克思主义阐释数字经济时代消费变迁基本逻辑的主要内容体现在以下方面：

首先，在数字经济时代，依然是生产决定消费。发展数字经济，不仅有利于提升消费质量和消费水平、有利于引发新的消费热点，还能带动相关的产业，创造更多新的就业机会，为生产和消费创造动力，拉动经济增长。其次，新的居民消费仍会反作用于生产过程。作为一种新业态，数字经济以科技创新为支撑，利于推行创新驱动战略，进一步加快实现产业转型升级的步伐。数字经济时代背景下，消费者需求的多元化，对于个性化定制的追逐，对传统的标准化生产和大批量生产模式提出了挑战，客观上催生了消费者全过程参与的新生产方式。再次，数字经济改变了居民消费行为与消费决策。从外部和内部考察，其分别呈现出示范效应和棘轮效应。超前消费和跨期消费催生了其网络消费新理念的形成，消费习惯形成的周期明显较短，居民网络消费品的心理预防动机增加。最后，数字经济促进了生产方式与居民消费之间的循环升级。随着新技术的不断发展，数字经济模式已深度嵌入生产与消费等各环节，提高了新产品生产力，大量的新需求和新需要培育了新消费习惯②。马克思政治经济学规律提出的生产与消费结合可促进消费循环升级，暗含了消费习惯和消费行为变革将直接引发消费结构变迁与升级，对于数字经济环境下的居民消费变迁及优化升级具有理论启发价值。

数字经济深刻改变了现代经济的生产和消费的具体形式，促进了居民消费习惯和行为的新变迁，也催生了居民消费与新的生产之间的机理关系。数字经济对居民消费的影响也验证了马克思生产与消费同一性理论的科学性与时代价值。数字经济时代消费变迁仍需要置于马克思消费观的理论框架内加以审视，并将马克思主义对于生产决定消费、消费依附于生产的逻辑规则泛化于新时代城乡居民消费研究的整个领域。

---

① 田学斌，封玉荣，刘志远.中国居民消费回顾与展望：1949—2019 [J].经济论坛，2020（2）：10-17.

② 王崧樾.数字经济对我国居民消费的促进作用研究 [J].现代商业，2020（6）：17-18.

2.1.2.2　西方经济学理论对居民消费发展变迁的理论阐释

（1）新古典经济学消费理论与居民消费需求变迁

英国经济学家威廉·杰文斯（1835—1882）是数理学派的代表人物之一。他使用数学分析工具提出"最后效用程度"价值论，认为消费量中无限小的最后增量的效用程度决定消费品价值；效用分为总效用和效用程度，总效用是消费品满足的欲望总量，效用程度是某一单位消费品满足的欲望强度，总效用随着消费品消费量的增多而减少。

边际效用学派的边际效用理论为消费者行为、消费品价值等消费问题的研究奠定了微观理论基础，边际学派把需求看作由主观愿望决定的心理状态，把价值看作由主观效用决定的心理产物，对于目前的数字经济与网络消费具有很大启示。

（2）均衡价格及消费需求理论与居民消费发展变迁

英国经济学家阿尔弗雷德·马歇尔（1842—1924）是新古典学派的创始人和杰出代表。他使用数学分析工具和抽象演绎方法，在效用价值论的基础上，阐述了消费者如何在预算约束下对各种可能的商品或服务消费进行理性选择，以实现其效用最大化，从而构建出微观消费者行为理论。马歇尔创立了"均衡价格论"理论框架，围绕边际效用递减规律、需求定律、需求价格弹性规律、消费者剩余和消费买价惯性等系统阐述了消费者个体需求理论，并研究了消费信贷制度、闲暇消费等对个体消费行为的影响。在新古典框架内，消费者有选择自由和充分的价格弹性，是"理性"的，追求效用最大化，有较强的风险意识和明显的时间偏好。马歇尔的消费需求理论和上述观点奠定了现代西方微观消费需求理论体系的基石，也是风险网络消费问题的基本理论基础。

（3）消费函数及相关理论与居民消费变迁

整体来看，西方宏观经济学视角下的消费函数理论研究大致经历了以下几个阶段：20世纪30年代至50年代处于起步阶段，主要研究当期收入与消费的关系，属于即期预算约束内的即期效用最大化，没有微观基础，代表学说是凯恩斯的绝对收入假说和杜森贝里的相对收入假说。20世纪50年代至70年代，在新古典框架内，消费函数由即期决策推广到跨期决策，并有了微观基础，代表学说是莫迪利安尼的生命周期假说和弗里德曼的持久收入假说。20世纪七八十年代，随着理性预期、不确定性及计量经济学中误差修正机理等在消费领域中的应用，消费函数理论研究进入理性预期阶段，代表学说是霍尔的随机游走假说。由于众多实证研究结果与随机游走假说的预言相背离，随机游走假说不能对消费者行为进行完全的解释；近年来基于不确定性与预期收入分析，又出现了许多假说对理性预期持久收入假说进行补充和修正，较有代表性的有预防性储蓄理论、流动性约束理论和 λ 假说等。

西方经济学基本原理及其消费理论、模型对数字经济环境下居民消费变迁及优化升级的阐释具有重要的参考价值，仍旧是目前分析数字经济与网络消费的基础与工具方法。

2.1.2.3　消费心理学理论对居民消费形成与实现的理论阐释

消费心理学以消费者的各种心理活动为研究对象，来反映消费者的行为规律，在经济学研究中，经常结合消费者心理活动的内容来分析研究他们如何做出决策。消费者行为学正是对于消费者心理的一种合理运用。其中，消费心理主要是指人们作为消费者时的所思所想。在传统西方经济学中，有很多对于消费者心理的运用。例如，以相对收入假说为例，习惯效应和示范效应被应用其中，当消费者消费一定数量的商品时，在下一期中因为消费者习惯效应的存在会产生棘轮效应，使得消费者在下期消费同样多或者更多的商品，这种消费者短期消费不可逆的现象的原因在于消费者的习惯效应的存在，这使得消费在短期内更多取决于相对收入，也就造成短期边际消费倾向递减。还有一种解释就是消费者短期内的消费会与自己身份、地位相当的人进行比较，即消费具有模仿和攀比性。

2.1.2.4　消费行为学理论对居民消费形成与实现的理论阐释

消费行为学不同于以往的消费函数只注重消费者收入对消费的变化的影响，以消费者有限理性或者情景理性和有限意志力的假设，更多地探寻消费者的心理，从抓消费者心理的认知、情绪、意志到消费者行为的动机再到消费者的行为所受的影响最终到消费者购买决策的过程是消费行为理论研究的整体框架。总的来看，消费行为学的内涵及特征的解释对于理解消费者心理变化有很大帮助，但是这种微观化的消费心理的体现很难同传统消费函数或者理论一样采取严密的数学推理或逻辑论证的办法来阐述。但其中由消费者心理所引导的消费者购买行为和购买决策会在一定程度上运用到营销实践中去，为消费升级做出贡献。

目前，数字经济环境下，由于消费者行为学是行为经济学在消费领域的合理的应用，通过引入消费者心理的研究，与消费心理学结合，再与经济学传统分析相结合，具有理论的适应性。在新的数字经济环境下，以现实构造新的理论模型，用于分析人们的最终购买决策行为。同时，消费者行为学注重案例及统计调查的方法，注重每个消费者的独特性，克服传统"代表性消费者"假设的同时也适应于现今消费者需求的异质化要求。随着近些年来实验经济学的发展与兴起，也为消费者行为学的发展带来了新的研究方法，为学者研究居民消费行为、结构及机理提供不同的视角。

2.2 居民消费的文献综述

2.2.1 居民消费水平及结构相关研究

2.2.1.1 国内外关于居民消费水平的文献综述

影响居民消费水平的主要因素是居民收入水平，这一观点已被国内外学者证实，形成了较为一致的研究成果。袁志刚、朱国林（2002）认为制约总消费的一大因素就是收入分配的不均①；田青（2008）指出影响消费的因素有多种，包括消费习惯、收入及利率等，而收入是其较为主要的因素之一②；储德银、经庭如（2010）也认为收入水平影响消费的程度最大③。樊向前、戴国海（2010）指出消费与收入的密切关系，消费对收入的反应较为明显，以至于较低的收入也就意味着较低的消费，尽管有着消费信贷额、信贷额利差等消费信贷条件，但对低收入者的消费促进仍不明显，制约消费的关键因素还是收入水平的高低④。陈斌开（2012）实证研究发现城乡收入差距加大是消费不足的重要影响因素，从而得出扩大内需必须以提高低收入群体的消费水平也就是收入水平为重点的观点⑤。易行健、肖琪（2019）基于跨国面板数据的实证检验了收入不平等与居民消费率的非线性关系，进一步说明了影响居民消费的重要原因⑥。

（1）财政政策

本书的财政政策指财政支出政策，是政府对经济发展进行调控的重要方式，也是政府宏观调控居民消费需求的主要手段。武晓利、晁江锋（2014）

---

① 袁志刚，朱国林. 消费理论中的收入分配与总消费：及对中国消费不振的分析 [J]. 中国社会科学，2002（2）：69-76.

② 田青. 中国城镇居民收入与消费关系的协整检验：基于不同收入阶层的实证分析 [J]. 消费经济，2008（3）：7-10.

③ 储德银，经庭如. 中国城乡居民消费影响因素的比较分析 [J]. 中国软科学，2010（4）：99-105.

④ 樊向前，戴国海. 影响居民消费行为的信贷条件分析：基于2002~2009年中国城镇居民消费的实证研究 [J]. 财经理论与实践，2010，31（6）：15-21.

⑤ 陈斌开. 收入分配与中国居民消费：理论和基于中国的实证研究 [J]. 南开经济研究，2012（1）：33-49.

⑥ 易行健，肖琪. 收入不平等与居民消费率的非线性关系：基于跨国面板数据的实证检验 [J]. 湘潭大学学报（哲学社会科学版），2019，43（4）：58-63.

从政府消费性支出、转移支付、投资性支出和服务性支出等入手，研究分析了它们与消费及消费率的关系①。王裕国（2018）认为应该从财政政策方面完善促进消费的体制机制，提出了相关思考及建议对策②。

（2）物价

消费是人们对于商品的一种财务支出，既然是对各种商品、服务的消费，必然受到物价的影响，物价是反映商品供求量的直接的指标，其中通货膨胀、通货膨胀预期对其影响最大。河北省"价格上涨的微观基础研究"课题组（2012）依据河北省价格和消费统计资料，分析了物价变动影响消费需求的问题，认为本期物价与本期消费的正比关系和上期物价与消费的反比关系的结论，证明了物价变动确实对居民消费有影响作用③。吴珊（2013）从物价水平与城镇居民消费支出的实证研究中发现物价水平与城镇居民消费支出的高度相关关系，短期物价水平的上升会带来消费支出的增加，但持续不断地物价上涨会对城镇居民消费产生抑制作用，其中对低收入群体的抑制作用更大④。柳思维（2018）从影响机理和调控思路进行研究，认为房地产价格的波动与居民消费有极为密切的关系⑤。廖望（2019）通过对新中国成立 70 年间中国居民消费价格变迁的研究，反映了物价与居民消费的关系⑥。

研究中国居民消费，就必然要考虑中国所特有的城乡二元经济体制。刘根荣、种璟（2012）认为中国长期实行的城乡二元体制促成了流通结构的城乡二元化，进而对居民消费需求产生一定的制约作用⑦。王平（2018）通过把现今正火热进行改造城乡二元体制中所实行的新型城镇化纳入消费需求的影响因素中进行分析，视角独特，研究中发现新型城镇化建设确实能起到间接影响居民消费的作用⑧。易行健等（2020）基于半城镇化率的视角解释了城镇化建设为何没有推动

---

① 武晓利，晁江锋. 财政支出结构对居民消费率影响及传导机理研究：基于三部门动态随机一般均衡的模拟 [J]. 财经研究，2014（6）：4-15.

② 王裕国. 贯彻"完善促进消费体制机制"的几点思考 [J]. 消费经济，2018（6）：10-14.

③ 河北省"价格上涨的微观基础研究"课题组. 物价变动对居民消费的影响 [J]. 调研世界，2012（2）：8-10.

④ 吴珊. 物价水平与城镇居民消费支出动态关系的实证研究 [D]. 杭州：浙江工商大学，2013.

⑤ 柳思维. 房价波动与居民消费：影响机理及调控思路 [J]. 消费经济，2018，34（5）：31-35，63.

⑥ 廖望. 建国 70 年我国居民消费价格变迁研究 [J]. 价格月刊，2019（6）：90-95.

⑦ 刘根荣，种璟. 促进消费视角下城乡流通协调发展研究 [J]. 经济学家，2012（9）：29-36.

⑧ 王平. 新型城镇化驱动居民消费的效应研究 [D]. 西安：陕西师范大学，2018.

居民消费倾向的提升，认为各地区应该加速推进新型城镇化建设，使农业转移人口进程加快，缩小城镇化缺口，进而激发居民消费潜力①。

2.2.1.2　国内外关于居民消费影响因素的文献综述

（1）居民收入

国内外关于居民消费影响因素的文献从收入类型、收入差距、收入结构等不同角度进行了研究。魏勇、杨孟禹（2017）从收入不同类型对于消费结构变化（消费升级）的影响入手，通过构建理论框架，实证分析了居民收入对消费促进和抑制作用②。胡日东等（2014）通过研究发现中国城乡收入差距和居民消费结构存在显著影响③。与上述研究不同的是，唐琦等（2018）通过实证分析1995—2013年城镇居民消费结构，认为消费结构的转变受到价格因素占比较重的影响④。刘娇（2019）认为，中国居民消费结构转型升级对零售业影响较大，进而影响居民的消费支出⑤。

（2）产业结构

李自琼、刘东皇（2015）认为消费结构与产业结构有着密切关系，他们从居民消费结构与产业结构的互动效应入手进入分析，认为对农村居民消费结构影响作用较强是产业结构的优化升级⑥。汪伟（2018）认为，应该加快新时代中国消费结构的不断升级，进而促进产业结构的升级和优化⑦。这些观点切实符合国家现今所实行的"供给侧改革"实践，以产业结构的调整推动居民消费结构的转型升级⑧。

---

① 易行健，周利，张浩.城镇化为何没有推动居民消费倾向的提升?：基于半城镇化率视角的解释［J］.经济学动态，2020（8）：119-130.

② 魏勇，杨孟禹.收入结构、社会保障与城镇居民消费升级［J］.华东经济管理，2017，31（3）：90-99.

③ 胡日东，钱明辉，郑永冰.中国城乡收入差距对城乡居民消费结构的影响：基于LA/AIDS拓展模型的实证分析［J］.财经研究，2014，40（5）：75-87.

④ 唐琦，夏庆杰，李实.中国城市居民家庭的消费结构分析：1995—2013［J］.经济研究，2018，53（2）：35-49.

⑤ 刘娇.我国居民消费结构转型升级对零售业影响的实证检验［J］.商业经济研究，2019（5）：43-45.

⑥ 李自琼，刘东皇.中国农村消费结构与产业结构互动效应的区域测算［J］.统计与决策，2015（24）：62-65.

⑦ 汪伟.加快新时代中国消费结构升级［J］.中国社会科学，2018（6）：18-22.

⑧ 张恩碧.（中国）消费经济学会2019年会暨第二十二次全国消费经济理论与实践研讨会综述［J］.消费经济，2019，35（6）：92-94.

（3）人口因素

消费是人所产生的行为，就会受到人的各种自身因素的影响，茅锐、徐建炜（2014）研究认为，人口年龄结构和居民消费结构之间呈显著影响关系，消费结构的关键决定因素是消费者年龄，人口年龄因素则是影响消费的重要因素[1]。梁志高（2019）通过对中国消费市场 40 年变迁的回顾，认为消费的力量是巨大的，人口因素是拉动经济快速增长的一个重要因素[2]。

2.2.2 居民消费过程及效应相关研究

本书对关于居民消费变迁、居民消费结构及居民消费习惯、行为等相关领域的文献进行了梳理。其中，借助知网知识库检索关键词搜索方法，相关领域研究文献计量如表 2-1 所示。

表 2-1　2010—2020 年居民消费结构变迁文献计量

关键词或论文主题	期刊总数	主要观点
"数字经济" + "居民消费"	356	数字经济及居民消费行为变迁
"数字经济" + "居民消费"	101	数字经济引发居民消费变革

如表 2-1 所示，2010—2020 年，学者对于城乡居民消费结构变迁的研究主要集中在基础理论研究、消费变迁传统影响因素研究、互联网或数字经济发展对居民消费变迁影响研究，经文献检索，分别得到文献 356 篇、101 篇和 233 篇。出现频率在 50 次以上的城乡居民消费结构变迁研究的高频词的统计分析见图 2-1。

---

① 茅锐，徐建炜. 人口转型、消费结构差异和产业发展 [J]. 人口研究，2014，38（3）：89-103.

② 梁志高. 消费的力量：中国消费市场 40 年变迁拉动经济快速发展 [J]. 中国质量万里行，2019（1）：22-24.

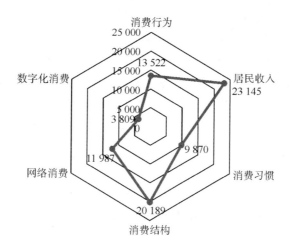

图 2-1　数字经济背景下城乡居民消费结构变迁研究的高频词

（数据来源：中国知网、维普、万方等文献库，

经作者整理而来）

根据高频词，可将关于数字经济环境下居民消费变迁研究的主要内容归纳为以下方面：第一，关于居民消费经典理论的研究，主要包括马克思政治经济学理论及其对居民消费产生与价值的阐释和边际效用及消费函数理论对居民消费习惯、行为的指导等。第二，居民可支配收入、家庭结构及宏观经济等传统要素对于居民消费结构的影响效应的研究。第三，互联网、"互联网+"和电商平台等数字经济新业态引发的居民消费变革，包括消费习惯变革、消费行为变革和消费结构变革等。文献综述将大致围绕以下几个方面展开：

2.2.2.1　居民收入及其分配对消费行为的影响

Gandhi 和 Kaushik（2016）指出政府及企业社会责任的履行会对消费行为产生正向影响，政府及其他机构应从降低消费者交易成本的角度出发，在进行宏观调控的前提下，进一步缩小收入差距，进而提高低收入阶层居民的收入、不断促进中等收入阶层的扩大，逐步形成"橄榄形"收入分配格局[①]。王小华和温涛（2015）研究了收入结构对中国农村居民消费结构的影响，发现居民家庭工资性收入有助于增加总体消费支出，而财产性收入倾向于增加发展型消

---

① GANDHI M, KAUSHIK N. Socially responsive consumption behaviour: an Indian perspective [J]. Social responsibility journal, 2016, 11 (2): 85-102.

费和享受型消费的比重，提高总体消费质量①。

居民收入分配与居民消费的相关性及因果关系也正被相关学者的研究证实。臧旭恒、张继海（2005）认为中国居民收入差距与总消费呈负相关关系，最明显的是财产性收入对于消费比重向发展和享受型项目转变的倾斜作用②。李文溥等（2019）认为居民消费已成为现阶段拉动中国经济增长的主动力③。

2.2.2.2　关于数字经济及其条件下居民消费发展变革的研究

伴随互联网的普及与应用，人们着重关注其在商品交易、流通领域的发展，"电子商务经济学"概念首次被提出，成为数字经济的先导。美国经济学家 Soon-Yong Choi、戴尔·斯塔尔和安德鲁·温斯顿认为电子商务能够降低交易成本，更容易、高效地达成买卖的实时交易活动，是一种以互联网为载体的活动。

夏皮罗（Shaprio）和瓦里安（Varian）在《信息规则数字经济的策略指导》中阐释了数字经济学的前身——信息经济学的本质，探讨了信息市场上各市场主体的行为。该书和《电子商务经济学》对数字经济的规律进行了开创性、奠基性的研究。"运用数字经济领域的经济学理论，从经济研究及实践经验中提取适合信息相关产业从业者的知识"④，是范里安和夏皮罗对其所做的描述。与传统的工业经济形态相比，数字经济形态呈现出的不同的网络化特征，正在逐步深入产业组织形态、分工格局、产品与服务的流通载体等，一步步改变着整体经济运行方式（张丽芳，张清辨，2006；Obra et al.，2002）⑤，马艳、郭白滢（2011）实证分析网络价值与网络规模的关系，发现两者的相关关系，认为网络价值要受到数字经济特征的影响⑥。洪涛（2020）认为在数

---

① 王小华，温涛. 城乡居民消费行为及结构演化的差异研究［J］. 数量经济技术经济研究，2015，32（10）：90-107.

② 臧旭恒，张继海. 收入分配对中国城镇居民消费需求影响的实证分析［J］. 经济理论与经济管理，2005（6）：5-10.

③ 李文溥，王燕武，陈婷婷. 居民消费能否成为现阶段拉动我国经济增长的主动力［J］. 经济研究参考，2019（1）：20-23.

④ 夏皮罗，瓦里安. 信息规则：网络经济的策略指导［M］. 张帆，译. 北京：中国人民大学出版社，2000.

⑤ 张丽芳，张清辨. 数字经济与市场结构变迁：新经济条件下垄断与竞争关系的检验分析［J］. 财经研究，2006（5）：108-118；OBRA A R A，CÁMARA S B，MELÉNDEZ A P. The economic and organizational aspects of telecentres：the Spanish case［J］. Technovation，2002，22（12）.

⑥ 马艳，郭白滢. 数字经济虚拟性的理论分析与实证检验［J］. 经济学家，2011（2）：34-42.

字经济环境下，中国电子商务迅猛发展，尤其是农产品的电商发展态势较为乐观①。

杨培芳（2001）通过相关研究，认为网络协同带动"市场+政府+社会"共同造就人们生产与生活，突出其重要性②。此外，伴随数字经济的深入发展，相关研究及成果不断涌现，领域越来越广泛，诸如数字经济与传统经济理论关系、数字经济发展与网络金融、数字经济与企业商业运营模式、数字经济效应、数字经济安全与风险防范等③。

随着时代的不断进步和科学技术的快速发展，也给传统的消费经济理论带来了新的挑战：

（1）数字经济促进了生产与消费的协调统一，有效解决了生产与消费间的矛盾。何明升、李一军（2001）认为，马克思提出的"生产与消费同一性"命题，随着生产模式的变化，在数字经济时代真正出现了消费与生产同一的趋势④。在传统生产模式下，消费与生产的矛盾日益凸显，根本无法实现同一性。而数字经济却能够提供新思路来解决生产与消费矛盾（赵太宣，2019）⑤。利用新的销售模式开展大规模定制化生产逐渐成为热点，使消费者在定制过程中满足需求并保持良性、持续互动。继而由数字经济催生的网络消费在极大降低交易成本的同时，也拉动了关联行业的发展，例如，物流行业、交通运输行业的服务体系更加健全，表现出极强的拉动效应（高孝平，2015）⑥。

（2）数字经济及其网络消费的新模式促进了消费对象的快速升级。何明升（2002）认为，在数字经济时代，消费边际效用递增的现象让消费者更加充分地获得消费的潜在效用⑦。安增军、林珊珊（2016）研究认为，数字经济能够降低零售价格，减少信息搜寻成本，改善消费实现的条件，减少了消费实现成本，促进了中国居民消费的增长⑧。

（3）数字经济引起消费者消费观念、消费行为及消费结构发生复杂性变

---

① 洪涛. 2020 上半年中国农产品电商发展报告［J］. 中国商论，2020（15）：1-10.

② 杨培芳. 网络协同经济学：第三只手的凸现［J］. 中国电信业，2001（5）：55.

③ 毛中根，谢迟. 习近平关于消费经济的重要论述：现实依据、理论基础与主要内容［J］. 消费经济，2019，35（3）：3-11.

④ 何明升，李一军. 网络消费的基本特点及其对传统经济理论的突破［J］. 学术交流，2001（2）：105-108.

⑤ 赵太宣. 数字经济对我国居民消费的促进作用研究［J］. 经济师，2019（9）：45-52.

⑥ 高孝平. 数字经济对居民消费影响分析［J］. 人民论坛，2015（20）：94-96.

⑦ 何明升. 网络消费的测度及其管理意义［J］. 情报学报，2002（3）：344-348.

⑧ 安增军，林珊珊. 数字经济对我国居民消费的效应分析［J］. 物流工程与管理，2016，38（1）：112-115.

化。消费结构能够反映居民的消费水平和消费质量。凯恩斯曾指出，居民的收入和消费支出成正比，但是消费支出的幅度远低于居民收入的幅度，这一消费理论在长期实践中得到了证实。杨春荣（2007）从当代大学生网络消费现状入手，以经济学的视角，透视当代大学生网络消费行为，指出了大学生网络消费的风险所在，阐明了大学生网络消费对经济生活的影响，提出了对大学生网络消费引导及其风险调控的方法①。阚凯（2008）认为，网上消费作为一种依托互联网的消费方式已成为人们日常生活中的一种重要购物渠道。网络团购更是因为具有优惠便捷和省心的好处，逐渐成为一种新型购物方式。而在网络团购方兴未艾之时，专业化网络消费联盟的出现，使电子商务的发展有了更广阔的空间②。葛幼康（2008）对中国网络消费者的群体特征和心理特征进行了归纳：网络消费者仍以年轻人为主，较低学历网民数量增加。网络消费者在网上购物时表现出来的消费心理有：消费满足感更强，追求个性化的消费心理；追求实惠的价格心理；追求快捷、方便的心理；追求趣味的孩童化心理等③。王晓帆（2012）从大学生网络消费的特征入手研究了网络营销策略，通过对大学生网络消费的特征和行为进行分析，指出企业要制定正确的网络营销策略，开发大学生这一特殊群体的消费市场④。林挺和张诗朦（2017）归纳了"互联网+"引致居民品质化消费、内容型消费、价格价值匹配型消费、智能消费及精准消费的特点，并构建了消费行为偏好博弈模型⑤；赵明辉（2018）认为互联网平台消除了消费信息不对称问题，加速了居民消费升级⑥；周楠（2018）分析了互联网背景下居民消费特征，并指出消费心理需求转变、消费动机转变和消费心态等的转变是驱动居民消费行为特征转变的内因⑦；白硕等（2018）比较分析了成都市居民O2O、C2C等网络消费行为特征，发现C2C消

① 杨春荣. 大学生网络消费的经济学分析 [J]. 重庆邮电大学学报（社会科学版），2007（3）：29-33.

② 阚凯. 从网上购物到专业化网络消费联盟的网上消费方式的演进 [J]. 经济纵横，2008（5）：101-103.

③ 葛幼康. 数字经济中消费特征及消费心理分析 [J]. 消费导刊，2008（6）：6-7.

④ 王晓帆. 从大学生网络消费的特征谈网络营销策略 [J]. 今日我国论坛，2012（10）：38，41.

⑤ 林挺，张诗朦. 互联网+视域下城镇居民家庭消费行为偏好演进规律研究 [J]. 价格理论与实践，2017（8）：156-159.

⑥ 赵明辉. 基于微观主体行为的居民消费行为变迁及其影响因素研究 [J]. 商业经济研究，2018（9）：45-48.

⑦ 周楠. 互联网背景下居民消费行为特征及影响因素研究 [J]. 商业经济研究，2018（24）：65-68.

费相对于 O2O 更倾向于地理空间和成本节约，且 C2C 消费还会产生群落效应[1]。汤才坤（2018）基于互联网和农村居民消费支出面板数据，实证检验了互联网三项指标影响分类消费的机理，认为居民收入差距、消费不均衡造成互联网影响消费结构的差异性[2]；刘媛媛（2016）则提出互联网通过影响商贸流通、产品营销和就业水平等影响居民消费结构[3]。贺达和顾江（2018）应用倾向性得分匹配法实证检验了居民使用互联网对于其消费水平和消费能力的处理效应，认为互联网使用显著提升了 40 岁以下年轻人群的消费水平，而仅促进了老年人生存类消费的水平[4]。尹向东等（2019）认为当前形势下，消费新业态新模式给传统产业和企业带来巨大冲击，信息化、智能共享、低碳化是消费的大趋势，应不断促进服务和实物消费升级，增强我国互联网消费对经济的拉动力[5]。陈羽中（2020）立足宏观消费视角，实证分析消费环境对农村居民消费增长的影响，指出农村消费基础设施不足（如网络设施）在一定程度上制约了居民消费增长率的上涨[6]。

2.2.3　数字经济环境下居民消费实现效应相关研究

数字经济对居民消费的影响可以说是一种长尾效应（杨连峰，2010）[7]。数字经济以特有的成本、价格优势影响着消费者行为，此外数字经济发展促进消费者收入、财富、分配等间接影响居民消费。同时数字经济环境下的流通创新和物流业发展也不断刺激着居民消费。

2.2.3.1　成本

研究者的关注点主要集中在交易成本、消费成本上。于珊珊、蒋守芬（2011）以网络购物为例，探讨了数字经济环境下消费者交易成本的影响因

①　白硕，杨永春，史坤博.成都市居民网络消费行为特征分析：基于 O2O 与 C2C 电子商务的对比视角［J］.世界地理研究，2018，27（5）：71-81.

②　汤才坤."互联网＋"对农村居民消费经济结构的影响分析［J］.统计与决策，2018（21）：117-119.

③　刘媛媛.互联网经济发展对城镇居民消费的促进作用探讨［J］.商业经济研究，2016（20）：28-30.

④　贺达，顾江.互联网对农村居民消费水平和结构的影响：基于 CFPS 数据的 PSM 实证研究［J］.农村经济，2018（10）：51-57.

⑤　尹向东，刘敏，袁男优，等.新形势下增强我国消费对经济的拉动力研究：基于 2018 年湖南消费市场的问卷调查分析［J］.消费经济，2019，35（5）：89-96.

⑥　陈羽中.消费环境对农村居民消费增长的影响动态面板分析［J］.商业经济研究，2020（15）：37-40.

⑦　杨连峰.长尾理论的经济分析［J］.生态经济，2010（12）：28-31.

素，认为居民消费的交易成本受网络购物中的购买频率以及不确定性的影响较为显著①。吴昊等（2015）认为数字经济带来的"新零售"模式拓展了零售业态，促使零售业态演进的一大助力就是消费者追求消费成本的最小化，也在一定程度上肯定了数字经济环境下居民消费成本的下降②。王鹏飞（2014）从微观成本角度出发，认为数字经济可以通过改善消费条件，进而降低消费实现成本③。林珊珊（2016）以电子商务作为数字经济的代表，研究认为电子商务可通过居民消费实现成本促进居民消费能力的提升④。陈玲（2019）认为，随着电子商务不断发展，新的网络消费方式备受农村居民的偏爱，在数字经济环境下，有效利用数字经济可以推动农民消费能力的提升⑤。

2.2.3.2 消费者行为、消费者心理

胡海清、许垒（2011）通过研究不同电子商务模式认为，信息丰富度是影响消费者行为的最关键因素⑥。杨云峰（2008）研究网络消费心理与行为，发现数字经济环境下居民消费心理、行为等的变化，通过对居民消费心理、行为的认知促进网络消费的增长⑦。

2.2.3.3 收入

王鹏飞（2014）立足于宏观角度，将收入作为一项研究指标，认为数字经济增加了劳动力需求，改善了就业结构，在一定程度上促进了居民收入增长，也改变了居民的消费倾向，进而促进了消费需求的提高⑧。杨继瑞、薛晓（2020）认为在新冠肺炎疫情蔓延的背景下，可以通过"互联网+"实现与供货商、服务商及平台的线上线下有机联系，成为推动消费回补和潜力释放的主力军。因而可以打造非接触型消费新场景，通过超级云助力来激发社区居民消费力、引导城乡居民健康的消费行为等⑨。

---

① 于珊珊，蒋守芬.基于交易成本的消费者网络购物意愿的实证研究［J］.经济问题，2011（9）：52-56.

② 吴昊，李健伟，程楠.零售业态演进：基于消费成本视角的解释［J］.消费经济，2015，31（3）：75-78.

③ 王鹏飞.数字经济对中国居民消费的促进作用研究［D］.北京：中共中央党校，2014.

④ 林珊珊.电子商务促进中国居民消费的作用机理研究［D］.福州：福州大学，2016.

⑤ 陈玲.数字经济发展与农村居民消费升级关系的实证分析［J］.商业经济研究，2019（16）：34-40.

⑥ 胡海清，许垒.电子商务模式对消费者线上购买行为的影响研究［J］.软科学，2011，25（10）：135-140.

⑦ 杨云峰.网络消费心理与行为研究［D］.北京：北京邮电大学，2008.

⑧ 王鹏飞.数字经济对中国居民消费的促进作用研究［D］.北京：中共中央党校，2014.

⑨ 杨继瑞，薛晓.城乡社区非接触型消费：新冠肺炎疫情影响下推进消费回补和潜力释放的新举措［J］.中国高校社会科学，2020（3）：12-19.

2.2.3.4　流通

安增军、林珊珊（2016）分析了数字经济运行特征，从运行特征角度，发现网络消费渠道对居民消费的促进作用①。周珺（2017）认为流通创新和消费升级之间存在长期、相互促进、协调发展的关系，数字经济环境下的流通和物流产业发展也在不断促进居民消费升级，影响着居民消费总量、消费结构和消费模式变化②。姚嘉（2017）同样认为流通发展和消费升级有密切联系，网络带来的流通产业发展创新会源源不断地从收入等方面影响着居民消费③。

2.2.3.5　第三方支付支撑效应

李育林（2009）研究了第三方支付的作用机理，通过减少电子商务活动中的道德风险、逆向选择行为、信息不对称等增强了交易双方的信用关系，解决了诚信危机，推动电子商务发展，促进了居民网络消费的不断发展④。安增军、林珊珊（2016）研究认为，第三方支付的实现是居民网络消费能够顺利进行的基础条件，支撑着居民网络消费⑤。陈怡然（2019）认为共享经济、互联网经济在能够促进技术创新、推动相关产业的发展方面有积极作用⑥。

2.2.4　文献述评

现有的文献对城乡居民消费问题已经进行了大量的研究论述，指出影响消费的决定要素和基本要素。同时，伴随着数字经济的到来，少量文献也开始探讨中国居民消费变迁，即居民网络消费的产生、发展和影响因素等，指出在数字经济时代，数字经济将引发居民消费变迁的主要观点。诸多学者的前期研究为本书研究的开展提供了借鉴，为本书的理论框架和研究问题奠定了基础。通过对理论研究的文献梳理，对数字经济环境下居民消费的研究主要集中在以下方面：①从数字经济的特征、推动机理及影响路径方面研究数字经济对居民交易方式的变革，催生诸如网络消费、互联网购物、网络营销及策略选择等产物，部分学者进行了初步的理论探索；②将数字经济视为市场变迁中的一种经济形态，从宏观层面研究数字经济对产业结构、消费市场结构等的影响，分析

---

① 安增军，林珊珊. 数字经济对中国居民消费的效应分析［J］. 物流工程与管理，2016，38（1）：112-115.

② 周珺. 流通创新与消费升级的互动关系研究［D］. 北京：首都经济贸易大学，2017.

③ 姚嘉. 流通产业发展对消费结构升级的影响研究［D］. 杭州：浙江工商大学，2017.

④ 李育林. 第三方支付作用机理的经济学分析［J］. 商业经济与管理，2009（4）：11-17.

⑤ 安增军，林珊珊. 数字经济对中国居民消费的效应分析［J］. 物流工程与管理，2016，38（1）：112-115.

⑥ 陈怡然. 共享经济的现状及其发展问题初探［J］. 全国流通经济，2019（3）：106-107.

市场垄断、市场竞争间的均衡关系；③从更为具体的数字经济技术成果和推广方面，研究其与居民消费内容、消费渠道变革、消费对象升级等之间的关系，研究大数据、物联网等新兴技术成果对居民购买行为、交易成本、消费结构等的影响。纵观现有研究尚存在以下不足：

第一，对于城镇居民消费结构及决定因素的研究主要集中在宏观层面，应用定量或定性分析方法测度并分析城镇居民消费支出占比变化；而其中关于引起居民消费结构变迁的动因，多数学者也从居民收入、家庭结构和宏观经济发展水平等传统影响要素角度构建居民在食物、交通、服装和卫生保健等领域的支出函数。整体来看，鲜有研究专注于探究驱动居民消费结构内生机理，未能揭示消费习惯形成、消费行为产生继而引发消费结构变革的本质。

第二，现有文献要么限于一定的地理和空间范围内，研究某个城市或农村、地区的居民消费变革；要么只从宏观角度对整体居民基于传统影响要素分析居民消费差异：总的来看，缺乏数字经济新业态下居民消费变迁的有力的统计和计量分析。

第三，对于消费结构升级和驱动因素的研究主要是从消费需求角度，探讨居民需求层次提高所引发的消费内容和消费形式的多元化。然而，从理论和实践看，"供给—消费"的辩证关系仍旧主导着居民消费结构变革的路径和倾向，现有研究忽视了以工业互联网、大数据和云计算等新技术涌现催生的数字经济新业态对于传统产品及服务可能引发的供给和消费存在形式变革。

第四，现有文献多从探讨经典消费理论、居民消费以及数字经济下居民消费升级的角度着手，而衡量消费升级的机理路径、效应分析、实证分析等还有所欠缺，值得进一步分析研究。

基于此，本书基于网络消费经济学、消费心理学和消费行为学等相关内容，深度考察数字经济环境下居民消费的实现过程与效应。首先，基于宏观统计数据的统计性分析和计量性分析探究了数字经济环境下中国居民消费发展的现状、特征、影响因素和存在问题，从经验视角对数字经济发展通过影响居民收入、社会生产模式和企业商业模式等继而引发居民消费行为、消费习惯和消费心理变革的作用机理进行了阐释；其次，从总体层面、微观层面和宏观层面理论分析了数字经济环境下中国居民消费的实现效应，挖掘了数字经济带来的成本降低、消费者行为变化以及宏观因素变化给居民消费行为带来的影响；再次，基于微观层面消费者消费行为和消费结构的调研、宏观数字经济和居民消费数据，综合应用倾向性得分匹配方法、联立方程模型、面板数据模型以及向量自回归模型等对数字经济环境下居民消费实现过程的总体效应、微观效应和宏观效应进行检验；最后，结合理论分析与实证检验，针对数字经济环境下居民消费发展存在的问题，从消费环境、消费模式、消费体系等方面提出了针对性建议。

2.3　本章小结

马克思消费和生产的同一性原理和其他西方经济学、数字经济学的消费理论，对于数字经济环境下居民消费的实现及优化升级的机理、模式与路径具有重要的启示意义。其关于经济环境对消费行为、消费结构、消费习惯的影响和对生产过程、生产结构上的影响，对于目前关于数字经济环境下居民生产消费相互作用推动消费升级优化的实现效应、数字经济推动生产服务与消费方式深度融合与共享的实现效应、数字经济环境下生产者行为选择的机理模式、数字经济驱动下居民生产与消费升级优化等问题的研究具有重要的理论启发意义和价值。

从以上的文献与理论研究来看，研究需要从微观效应入手，寻求解释数字经济环境下可能出现的消费结构优化升级等问题。因此，本书选择以数字经济环境下中国居民消费为研究对象，通过宏观层面的序列数据分析，厘清数字经济环境下中国居民消费发展变迁的现状并通过统计性描述和计量分析揭示居民消费变迁的特征包括基本特征和结构特征。本书梳理并识别影响了中国居民消费发展变迁的影响因素，应用马克思主义政治经济学、西方经济学、古典经济学理论如边际效用理论和生产函数理论等阐释居民消费结构变迁的收入效应、生产方式变革机理和商业运作机理等。本书在理论解析的基础上，从微观角度展开中国居民消费结构变迁的因果推断和影响效应实证分析，并从微观层面扩展完善新时期关于网络消费理论、消费结构研究的理论等工作。

3 数字经济环境下中国居民消费的现状分析

　　作为经济发展根本性动力之一的居民消费，一直都是经济学研究的热门问题。伴随着我国经济增长方式的转变及经济结构的转型升级，扩大居民消费需求（内需）已经成为政府关注的重点。随着数字化技术的进步，特别是电商平台、"互联网+应用"的普及使中国居民消费的产品种类日益丰富，消费支出对经济增长的贡献持续增大。商务部统计数据显示，2018年居民消费支出对GDP增长的贡献超过60%，2020年这一数据受新冠肺炎疫情的影响有所下降，但仍超过了54.3%。消费支出增长的同时消费结构正悄然发生变化，如何更好地利用数字经济推进居民消费结构优化成为消费经济学研究的重要议题。但是，从理论研究看，国内外对于居民消费的研究要么限于一定的空间范围，研究城镇抑或农村居民消费的变革；要么仅从宏观角度基于传统要素如可支配收入、家庭结构和经济指标等分析城乡居民消费的差异。总体来看，对于数字经济新业态下居民消费变迁的评价分析还缺乏足够的统计与计量，尤其是对于数字经济新业态下居民消费的新模式、新特点也缺乏系统性的归纳和梳理。

　　鉴于上述研究不足，本章从宏观层面基于时间序列数据，分析居民消费的现状、特征、影响因素及存在的问题，主要展开以下工作：首先开展一手、二手资料分析，阐释数字经济和居民消费的基本情况，包括电子商务规模发展、消费支出、消费结构等。其次从现状中挖掘数字经济环境下中国居民消费变迁的特征，包括数字消费基础设施建设、新消费潜力挖掘等方面，同时获取居民消费的原始数据，包括时间序列数据和2019年截面数据，应用截面数据借助图表法从不同角度分析居民消费变迁特征；基于时间序列数据（1992年至2019年），展开平稳性检验、格兰杰因果检验等，分析居民消费变迁的基本特征和结构特征。其中，通过结构特征的分析，观测数字经济发展（以信息产业增加值为表征）与居民消费变迁的关联性。最后讨论数字经济环境下中国居民消费的影响因素。在对现状、特征以及影响因素进行分析的基础上，本书将探索目前数字经济环境下中国居民消费升级中存在的问题。

3.1 数字经济与居民消费的基本现状

3.1.1 数字经济基本情况

3.1.1.1 电子商务市场规模的持续增长

中国数字经济起源于电子商务。2008年到2020年，是中国数字经济迅速、全面、深度渗透到居民消费生活的十余年，尤其是"互联网+"战略提出之后，网络交易渠道日益成熟，数字经济改变了人们的消费习惯，随着移动互联技术的发展及智能手机的普及，极大程度地拓宽了消费场景，表现为更加快捷的消费体验。2021年商务部统计数据显示，2020年中国电子商务交易额达到37.21万亿元，同比增长4.5%（见图3-1）。

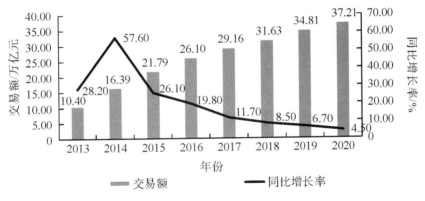

图3-1 中国电子商务市场规模变化趋势

(数据来源：中华人民共和国商务部)

3.1.1.2 网络用户规模的不断扩大

新的数字经济形态的出现，给消费带来了新的活力，出现了一系列依托于数字经济的网络技术革新和网络应用普及所存在的各平台、各消费模式，这种新兴的网络消费态势使得消费焕发出新的生机，不再局限于以往的时间、空间、集群等的限制，消费呈现出个体化、体验化、品质化、多样化等特征。在此消费环境下，中国的网络用户规模从2001年的3 370万人上升到了2020年的9.89亿人，增加的互联网普及率也助推着网络消费的新兴消费模式的发展和兴起。从中国互联网信息中心（CNNIC）发布的历次统计报告中能明显看出该种消费模式的发展及兴起（见表3-1）。

表3-1　中国的网络用户规模与互联网普及率（2001—2020年）

年份	网络用户规模/万人	互联网普及率/%
2001	3 370	2.6
2002	5 910	4.6
2003	7 950	6.2
2004	9 400	7.3
2005	11 100	8.5
2006	13 700	10.5
2007	21 000	16.0
2008	29 800	22.6
2009	38 400	28.9
2010	45 730	34.3
2011	51 310	38.3
2012	56 400	42.1
2013	61 758	45.8
2014	64 875	47.9
2015	68 826	50.3
2016	73 125	53.2
2017	77 198	55.8
2018	82 900	59.6
2019	85 400	61.2
2020	98 900	70.4

数据来源：中国互联网信息中心（CNNIC）。

3.1.1.3　中国跨境电商快速发展

在数字经济带动以及国家政策的扶持之下，中国跨境电商也呈现出繁荣发展的局面。电子商务研究中心监测数据显示，2013年以来，中国跨境电商交易规模持续扩大，2020年中国跨境电商交易总额为12.7万亿元，同比增长21%（见图3-2）。不管是出口还是进口，跨境电商都面临巨大的机遇。易观数据显示（见图3-3），近年来在国内消费升级的背景下，进口市场巨大的市场需求促使跨境电商得到快速发展；在出口方面，随着国外网购用户的增加，庞大的市场驱动着跨境电商的快速发展。

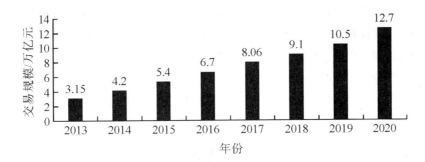

图 3-2　中国跨境电商市场交易规模

（数据来源：《中国跨境电商市场数据监测报告》）

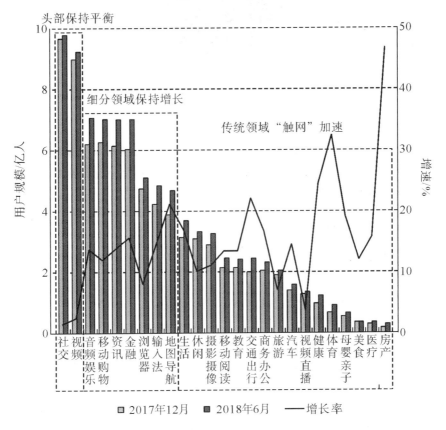

图 3-3　2017 年 12 月与 2018 年 6 月互联网各领域用户规模与增速

（数据来源：易观《2018 年上半年网民行为分析》）

除此之外，我们还能发现中国跨境网购用户的性别分布呈现出鲜明的特点，其中，男性比例约占 14.7%，而女性占比高达 85.3%（见图 3-4）。这说明相对于男性来说，女性更加倾向于跨境购物。电子商务研究中心调查显示，在跨境消费的产品选择上，男性更加倾向数码、运动、保健类产品，更加注重商品的性价比和性能，而女性买家偏向服装、化妆品、母婴以及轻奢产品，更加注重商品品质和购物体验。随着数字经济的进一步推进，跨境电商将迎来更加有利的发展局面。

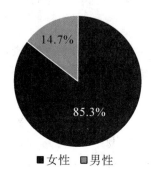

图 3-4　中国跨境线上消费用户性别分布

（数据来源：《中国跨境电商市场数据监测报告》）

总之，在数字经济的推动下，中国的居民消费在市场规模、消费总量、产业与消费协同、新生力量的发展与跨境电子商务等方面都呈现出强大的发展势头。这些繁盛的经济势态昭示出它内在的发展特征。

3.1.2　居民消费基本情况

依据前人的研究成果，本书将消费划分为三类：生存型消费、享受型消费和发展型消费。

3.1.2.1　消费支出的基本情况

（1）生存型消费及变迁

①食品消费及变迁

食品消费是反映居民生活水平的关键指标，也经常作为核算恩格尔系数的重要指标来衡量居民家庭富足程度。图 3-5 呈现了中国城乡居民 1990—2020年（其中，1991 年至 1994 年居民消费支出数据缺失，仅以 1990 年和 1995 年数据为分析依据，后同）人均食品消费支出的总体变动情况。从消费支出总额上看，2020 年中国城镇居民人均食品消费支出总额为 7 881 元，较 1990 年增加了约 11.4 倍；除个别年份（2013 年）出现短暂下降外，农村居民人均食品消费支出表现出平稳的增长态势。当然与城镇居民相比，2013 年至 2020 年，农村居民人均食品消费支出整体增长速度稍慢。

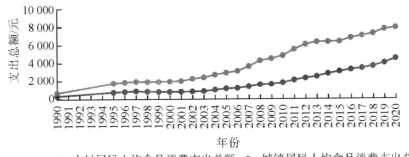

图 3-5 1990—2020 年中国城乡居民人均食品消费支出总额及变动趋势
（数据来源：1995—2019 年数据来自国家统计局，2020 年数据来自中新网）

从中国城乡居民人均食品消费支出的增长率来看（见表 3-2），1998—2020 年城镇和农村居民人均食品消费支出平均增长率都在 7% 左右。城镇居民人均食品消费支出在 2007 年至 2008 年两年间增速最快，平均增长率超过 10%，2015 年之后，增长率基本上维持在 5% 左右。农村居民人均食品消费支出增长率较城镇居民略高，年均增长率高出 1.2% 个百分点，2011 年至 2014 年增长最快，平均增速超过 10%。2014 年以后，农村居民人均食品消费支出增长虽有所减缓，但整体而言仍保持稳步增长的基本态势。

表 3-2 1998—2020 年中国城乡居民人均食品消费支出及增长率

年份	城镇居民人均食品 消费支出/元	增长率/%	农村居民人均食品 消费支出/元	增长率/%
1998	1 926.89	—	849.64	—
1999	1 932.10	0.27	829.02	−2.43
2000	1 958.21	1.35	820.52	−1.03
2001	2 014.02	2.85	830.72	1.24
2002	2 271.84	12.80	848.35	2.12
2003	2 416.92	6.39	886.03	4.44
2004	2 709.60	12.11	1 031.91	16.46
2005	2 914.39	7.56	1 162.16	12.62
2006	3 111.92	6.78	1 216.99	4.72
2007	3 628.03	16.58	1 388.99	14.13

表3-2(续)

年份	城镇居民人均食品消费支出/元	增长率/%	农村居民人均食品消费支出/元	增长率/%
2008	4 259.81	17.41	1 598.75	15.10
2009	4 478.54	5.13	1 636.04	2.33
2010	4 804.70	7.28	1 800.67	10.06
2011	5 506.30	14.60	2 107.34	17.03
2012	6 040.90	9.71	2 323.89	10.28
2013	6 311.90	4.49	2 495.50	7.38
2014	6 330.00	0.29	2 814.00	12.76
2015	6 359.70	0.47	3 048.00	8.32
2016	6 762.40	6.33	3 266.10	7.16
2017	7 001.00	3.53	3 415.40	4.57
2018	7 239.00	3.40	3 645.60	6.74
2019	7 732.60	6.82	3 998.20	9.67
2020	7 881.00	1.92	4 479.00	12.03
均值	—	6.7	—	7.9

数据来源:《中国统计年鉴》,经作者测算整理而来。

②衣着消费及变迁

衣着属于快速消费品,在经济转型期,中国居民对衣着的消费已不仅限于满足基本的生存需要,开始追逐高质量、品牌化等个性化消费。

图3-6呈现了城镇、农村居民1990—2020年人均衣着消费支出变动趋势。从图中可以看出,中国农村居民和城镇居民人均衣着消费支出总额整体呈现逐年上涨趋势,尤其是2003年至2011年,居民人均衣着消费支出增长加速明显,平均增长率保持在10%上下。这一时期也是中国经济增长最快的时期,经济增长与居民人均衣着消费支出增长表现出一定的同步性。

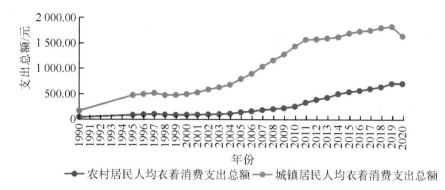

图 3-6 1990—2020 年城乡居民人均衣着消费支出总额及变动趋势

（数据来源：1995—2019 年数据来自国家统计局，2020 年数据来自中新网）

城乡差异上，一方面从人均衣着支出总额来看，城镇居民人均支出总额明显高于农村居民；另一方面从增长率来看，多数年份农村居民人均衣着消费支出增长率高于城镇居民。尤其在 2005 年、2011 年、2012 年、2014 年，农村居民人均衣着消费支出增长率超过 15%（见图 3-7）。2014 年以后，城镇和农村居民消费增速同时放缓，这与国内经济增长总体放缓、下行压力加大有关。

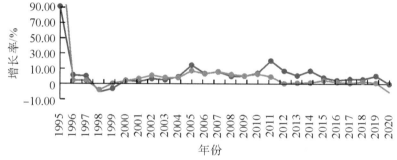

图 3-7 1995—2020 年中国城乡居民人均衣着消费支出增长速度

（数据来源：1995—2019 年数据来自国家统计局，2020 年数据来自中新网）

③居住消费及变迁

居住是仅次于食品和衣着的人的基本生存型消费之一，且由于城乡二元体制差异，城镇和农村居民在居住领域的投资方式、消费形式也表现出明显差异。由图 3-8、图 3-9 可知，在 2000 年之前，城镇居民和农村居民的居住消费差距较小。在 2014 年以后，全国商品房价格上涨直接拉动了居民居住消费。人均居住消费支出稳步增加的同时，城乡差异也越发明显，2014 年以后人均

居住消费支出城乡差距显著增大，且这种差距还表现出进一步扩大的趋势。到
2020 年，城镇居民人均居住消费支出为 6 958 元，而农村居民人均居住消费为
2 962 元，两者相差超过一倍。

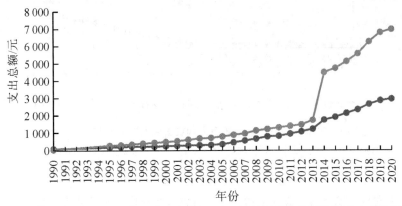

图 3-8　1990—2020 年中国城乡居民人均居住消费支出总额及变动趋势
（数据来源：1995—2019 年数据来自国家统计局，2020 年数据来自中新网）

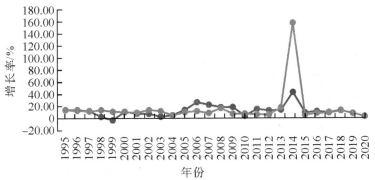

图 3-9　1995—2020 年中国城乡人均居民居住消费支出增长速度
（数据来源：1995—2019 年数据来自国家统计局，2020 年数据来自中新网）

（2）享受型消费及变迁

享受型消费既包括物质层面人们追求高质量产品的消费支出，又包括精神
层面追求心情愉悦、舒畅等的消费支出。一般来讲，交通通信消费、家庭生活
用品消费及医疗保健消费被称为享受型消费。

①交通通信消费及变迁

中国城乡居民人均交通通信消费的支出稳步增长，且占比逐年增加。如图 3-10 和图 3-11 所示，2014—2020 年，交通通信消费更成为中国城乡居民消费的新增长点，年均增速超过 13%。

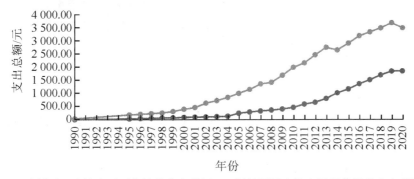

图 3-10　1990—2020 年中国城乡居民人均交通通信消费支出总额及变动趋势

（数据来源：1995—2019 年数据来自国家统计局，2020 年数据来自中新网）

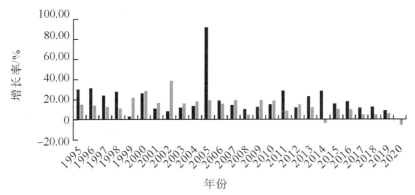

图 3-11　1995—2020 年中国城乡居民人均交通通信消费支出增长速度

（数据来源：1995—2019 年数据来自国家统计局，2020 年数据来自中新网）

②家庭生活用品消费及变迁

家庭生活用品消费也是反映居民生活质量的指标之一。对 1990 年至 2020 年中国城乡居民人均家庭生活用品消费增长趋势的统计如图 3-12 所示。总体来看，随着经济的发展，中国城乡居民人均家庭生活用品消费支出基本呈现逐年上涨态势，但城乡差距依然较大。

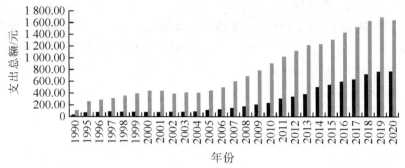

■农村居民人均生活用品消费支出总额 ■城镇居民人均生活用品消费支出总额

图 3-12 1990—2020 年中国城乡居民人均家庭生活用品消费支出总额及变动趋势

（数据来源：1995—2019 年数据来自国家统计局，2020 年数据来自中新网）

③医疗保健消费及变迁

对 1995 年至 2020 年中国城乡居民人均医疗保健消费支出进行的统计分析如图 3-13 所示。不难看出，人们对于医疗保健方面需求也在不断增多，消费支出连年攀升，城乡差距也在逐渐加大。

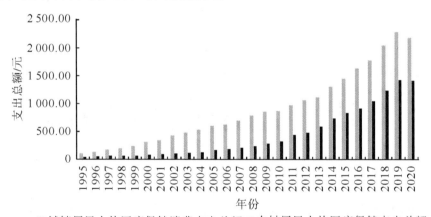

■城镇居民人均医疗保健消费支出总额 ■农村居民人均医疗保健消费支出总额

图 3-13 1995—2020 年中国城乡居民人均医疗保健消费支出总额及变动趋势

（数据来源：1995—2019 年数据来自国家统计局，2020 年数据来自中新网）

通过上述的统计性分析可知，自 2006 年起，中国城乡居民享受型消费支出呈现出以下特点：第一，占消费支出的比重持续加大，尤其是交通通信消费，以年均 15% 的速率高速增长；第二，城乡差异明显，城镇居民用于享受消费的支出高出农村居民 4.5 个百分点。

（3）发展型消费及变迁

依据当前公开统计资料，教育文化娱乐消费可纳入发展型消费范畴。对1990年至2020年的中国居民人均教育文化娱乐消费支出的统计如图3-14所示。20世纪末（1990年至2000年）居民发展型消费支出年均增长率约为5.5%，2000年至2020年，居民人均教育文化娱乐消费支出增长率变大，尤其在2010年后，增长率超过10%。

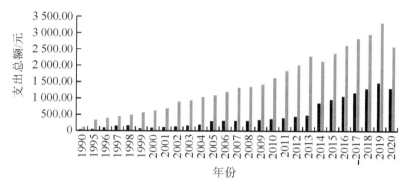

■农村居民人均教育文化娱乐消费支出总额 ■城镇居民人均教育文化娱乐消费支出总额

图3-14　1990—2020年中国居民人均教育文化娱乐消费支出总额及变动趋势
（数据来源：1995—2019年数据来自国家统计局，2020年数据来自中新网）

（4）消费结构调整与变迁特征

从城镇居民消费结构看，居民消费结构变迁呈现出以下特征，如图3-15所示。

首先，在生存型消费方面，1990年至2020年居民在食品、衣着两个领域的消费比重显著下降，分别由1990年的54%和13%，下降至2020年的29%和8%。这种稳步调整从另一个角度也反映了居民消费的升级与转型。按照恩格尔系数的核算可知，中国城镇居民在2020年已达到富裕和最富裕的临界水平，农村居民2020年在该领域的消费支出下降至31%，基本达到富裕水平。其次，享受型消费方面，1990年，城镇居民享受型消费（交通通信、家庭生活用品和医疗保健消费）占比为8%；2020年享受型消费占比调整为27%。与之相比，农村居民户享受型消费支出比例则由1990年的7.9%调整为2020年的30%。由此验证了中国居民消费已经由生存型消费为主调整为享受型消费为主。从结构调整速率上看，城乡居民交通通信消费调整最快，这很大程度上得益于改革开放以来中国在交通基础设施建设和通信技术的迅猛发展。可以预见，未来强化基础设施建设和提高信息通信服务对于居民消费结构升级也将产生深远影响。

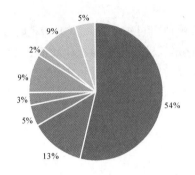

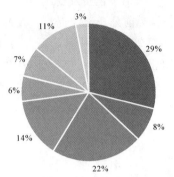

■食品 ■衣着 ■居住 ■交通通信 ■家庭生活用品
■医疗保健 ■教育文化娱乐 ■其他

（a）1990 年城镇居民消费结构　　　　　（b）2020 年城镇居民消费结构

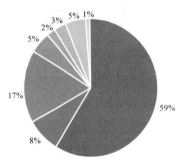

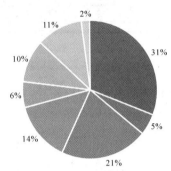

■食品 ■衣着 ■居住 ■交通通信 ■家庭生活用品
■医疗保健 ■教育文化娱乐 ■其他

（c）1990 年农村居民消费结构　　　　　（d）2020 年农村居民消费结构

图 3-15　中国城乡居民消费结构及变迁

（数据来源：1990 年数据来自国家统计局，2020 年数据来自中新网）

3.1.2.2　网络消费规模的扩大

随着互联网普及率的上升，居民社会消费品零售总额也在持续上升之中。从 1999—2020 年社会消费品零售总额（万亿元）和互联网普及率（%）的关系中也能明显看出这一现状变化。在数字经济发展的最初阶段，也就是 1999—2002 年，互联网普及率的增长幅度低于社会消费品零售总额的增长幅度，在之后，随着数字经济的进一步发展，网络技术以及网络应用等的更新换代，网络在人们生活、消费中所占的比重越来越高，互联网普及率在 2006—2012 年的进一步加速提升为新兴的网络消费提供了基础和发展壮大的可能性。一切事物的发展都不会是一帆风顺的，在 2012 年之后因受到国际大环境的影响，虽然中国政府在 2008 年金融危机时及时采取了 4 万亿的救市计划，但该金融危机和后续的救市计划的出现还是在一定程度上阻碍了互联网普及率的进一步提高，其增速在 2013 年之后变缓，但总体趋势还在不断上升之中，与此相对应的是社会消费品零售总额在 2006—2019 年的持续上升。这也在一定程度上证实了互联网普及率的持续上升和社会消费品零售总额持续上升之间的内在联系，为后续研究互联网对消费的影响提供了现实基础。

此外，伴随着互联网持续发展以及广泛普及，传统网络下的 PC 端慢慢演变成移动互联网时代的手机端，手机上网用户越来越多。在此情况下，网络所带来的各种服务应用等，诸如网络即时通信、网络新闻、网络购物、网络视频、网络外卖、网络支付等发展和兴起，使得网络消费融入人们的日常生活中，为网络消费发展提供动力和可能。

上述这些网络服务应用的开发以及发展壮大在一定程度上依托于互联网的深化升级和发展，以此来促进网络消费的产生和发展壮大。以一种多渠道、减少时间成本等消费模式的变化来进一步促进居民消费潜力和消费欲望的挖掘，提高消费完成的能力和效率，为网络消费升级提供理论基础。互联网发展至今，网络消费不断地在其广度和深度上提高居民的消费能力，依托于互联网电子商务平台、网络支付平台以及物流链的发展，一步步使得居民消费摆脱内需不足的问题，实现居民消费的进一步升级。

据统计，相较于 2001 年网络购物用户仅 208 万人的规模，2019 年年底其已增加了近 311 倍，达到了 6.47 亿人。同样地，网购交易额的不断上涨也证实了网络消费增加的事实。从 2001 年的仅 6 亿元的网购交易额，到 2008 年的 1 257 亿元，再到 2017 年的 71 751 亿元，时间间隔越来越短，增长率不断上升，截至 2020 年年底，全国网购零售额超 11 万亿元，较 2001 年增长了 18 000 余倍，在社会消费品零售总额的比重中占到 24.9%，网购的交易规模增长速度惊人。与此相关的网络支付市场、平台的渗透，互联网金融市场的发展进一步加大了网购的交易规模和提高了网络消费升级的基础。同时，再加上网络视频、网络新闻、网络游戏用户规模的不断扩大，在娱乐层面进一步扩大居民的消费潜力和欲望。在这一系列网络新兴应用、场景等的发展、利用中，网络消费已经进入居民的生活之中，并占据着十分重要的位置。网络消费的未来也在一定程度上显示着居民消费的未来，在如今面临的网络消费市场提质发展阶段，线上线下的资源高度整合和大数据、区块链技术所带来的效率提升在供给端给予消费市场发展的强劲动力，同时，需求端以多元化、分层次的消费升级特征引领消费市场转型升级，以强调个人主体的特殊需求为主要依据，关注长尾效应，抓住消费市场的需求动力。可以说，现在的消费时代已经不再像原来一样仅靠线下的消费品零售，而是很大一部分由网络消费所取代，并线上线下同时运作。

3.2 数字经济环境下居民消费发展的特征分析

受数字经济与数字技术的驱动，居民消费在现象上表现了强劲的态势，要考察数字经济对居民消费的影响，有必要首先考察这种影响之下的居民消费呈现出何种特征。数字经济新业态不仅改变了传统生产服务模式下的消费情景与模式，缩小了城乡消费差距，带动了消费环境层次升级，而且派生了居民消费习惯、消费行为和消费结构的新特征。

3.2.1 宏观特征分析

3.2.1.1 数字经济驱动城乡居民消费增长势头强劲

国家统计局发布的数据显示，2020 年线上销售对全国社会零售品总额的贡献率达到 24.9%，而 2008 年这一比率仅为 1%。由互联网普及率和社会消费品零售总额的关系（见图 3-16）可见，互联网普及率与社会消费品零售总额同步增长，2006 年以前，不仅互联网普及率处于低下水平，而且社会消费品零售总额即居民消费规模增长也较为缓慢；而随着互联网普及率的增加，消费规模在不断扩大，但其上升趋势比互联网普及率低，这主要还是因为互联网只是一种促进消费的方式和环境，作为消费的主要来源的人均可支配收入以及社会保障支出等才是决定消费增长的关键因素。从内源上看，数字经济向社会经济各领域深度渗透大大提高了居民就业规模和就业质量，并由此带来居民收入结构调整；数字经济新业态及居民收入结构调整又进一步引致消费行为、消费观念、消费环境的不断变化与发展。

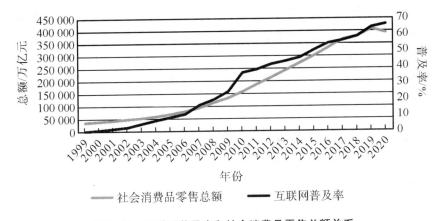

图 3-16 互联网普及率和社会消费品零售总额关系

（数据来源：《中国统计年鉴》和《中国互联网发展状况统计报告》）

3.2.1.2 数字经济基础产业与城乡居民消费协同发展

"十三五"以来，中国城乡居民消费处于规模增加、支出结构优化调整的时期，消费升级成为中国经济稳步增长的重要驱动力。中国信息通信研究院发布的数据显示，2018年中国数字经济规模达到31.1万元，占GDP的比重达34.8%。据测算，2019年数字经济指数为856.5，比上年增长42%，对总指数增长贡献率达80.5%。数字经济颠覆了传统消费经济，不仅成就了信息技术、软件开发、数字电商等基础产业，还衍生出新的营销和消费模式。从基础产业上看，移动互联网技术、数据挖掘与分析技术的快速进步大大提高了产业的终端延展能力。

从宏观环境来看，数字经济更改变着城乡居民消费行为、消费途径和消费内容：首先，数字经济凸显了消费者在产品价值链中的主导地位，互联网、大数据等数字技术使得消费者获取并接受新产品新服务信息的能力大大增强，产品及服务线上筛选和线下体验主导了其消费行为偏好。其次，数字经济及其技术成果扩宽了居民消费的途径，破解了居民消费的流动性约束，尤其是农村电商、移动网购等平台交易使得农村居民消费内容丰富的同时催生了消费的提质增效。最后，数字经济虽然极大地促进了城乡消费高涨，但由于大量的信息冗余和不安全因素频现，某种程度上加大了城乡居民消费的变数。

从数字经济发展与居民消费的关系上看，2000年至2019年，中国信息通信产业增加值年均增长率超过15%；与此同时，城乡居民消费增长率略滞后于信息通信产业产值增长，为11.5%。同时，信息通信产业增加值与居民最终消费增长率呈现出明显的同步变化趋势，尤其是2010年至2019年这9年间，两者呈现出大致相同的增长趋势，这说明数字经济与城乡居民消费支出存在相关性，数字经济及产业业态驱动了居民消费的持续增长。

3.2.1.3 消费环境逐步优化

第一，数字经济逐步促进城乡居民消费差距缩小。受以互联网技术、大数据及人工智能技术为代表的数字经济新业态驱使，居民消费差距进一步缩小，同时农村居民消费潜力得以深度挖掘，消费需求多元化趋势明显，消费结构持续优化。

中国数字经济发展报告显示，在数字经济效应影响下，2018年不同城市的消费增速打破"次元壁"，三四线城市的数字化消费迅速增长，更高品质的产品、更优的服务在数字化赋能下实现了无差别触达，更值得关注的是，农村的数字消费增速全面超越了一线、新一线和二线城市的增速。这是数字技术普惠性的有力证明。

第二，数字经济时代网络消费的营商环境与体系不断完善。电子商务平台的不断增加，可以丰富消费者的消费选择，无论是手机、家电等家庭日用品，还是汽车等大型商品，平台的种类相对比较完善，可以满足众多消费者的不同需求，营造了良好的网络消费营商环境。在网络消费营商体系方面也呈现出新的特征：首先，金融支持。伴随着数字经济的大力发展，降低了金融机构的交易成本，推动了金融发展。此外，金融发展也反过来对数字经济有着重要意义，互联网金融的出现为数字经济提供了便捷的支付方式，金融信贷约束的放松也对数字经济企业带来了重要的资金来源。其次，政策环境良好。数字经济作为一种新的经济模式，政府也发挥了重要作用，近年来，随着一系列相关政策的出台，基础设施以及相关法律法规的逐步完善，为数字经济的发展提供了良好的政策环境。再次，税收弹性。目前中国电子商务的税收政策选择和税收管辖权问题还没有得到良好的解决方案，为电子商务的发展带来了相对宽松的税收环境，从一定角度上也有利于电子商务的发展。最后，物流配套。目前，电子商务的物流形态主要分为两种模式——自营模式和第三方经验模式。无论哪种模式，都随着中国基础设施的完善以及交通工具、交通方式的改进，促进了物流系统的完善，功能的多样化，显著地降低了成本，提高了物流的配送效率，使得网上购物变得相对便捷。

3.2.1.4 数字消费逐步占领城乡居民消费的新高点

在数字经济发展的初期，电器、电子类产品以其标准化优势迅速成为数字消费的主要领域。随着网络消费渠道的逐渐成熟，网络消费并不局限于网络购物，一些高价值耐用消费品，例如汽车等消费也开始逐步在网上开始销售。此外，奢侈品网上零售也由于价格下降以及普及程度的提升引起消费者关注。服务领域成为网络消费的新热点。数字消费者年轻化和知识化特点使其表现出对文化产品消费的强烈需求，社交、视频等网络文化产品依然保持平稳增长的态势，但近年来随着数字经济的推进，传统领域与数字经济的结合开始加速发展。可以说，数字经济的发展推动了各种消费方式和消费类型的涌现，也促使了居民消费更加多元化。

3.2.1.5　数字经济条件下"90后"展现出巨大的消费潜力

在数字经济时代，"90后"年轻消费者展现出巨大的潜力。第六次中国人口普查数据显示，"90后"占全国总人口的14.1%，但在互联网人群中占比却高达27.9%，其消费影响力远远超过了其在人口中的比重（见图3-17）。

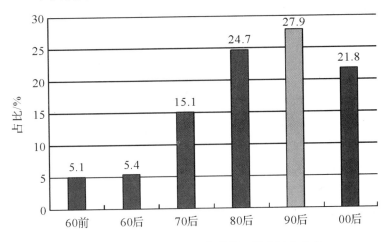

图 3-17　2020 年中国不同年龄段互联网用户分布

（数据来源：《中国互联网发展状况统计报告》）

虽然"80后"仍然是互联网消费的重要群体之一，但"90后"的潜力更大。2018—2020年，"70后""80后"的线上消费大体上占比持续下降，而"90后"线上消费能力强劲并且呈现出持续增加的状态（见图3-18）。

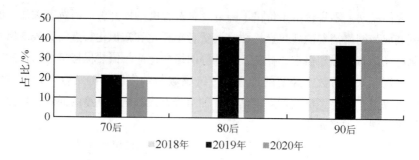

图 3-18 2018—2020 年不同年龄段线上消费占比

（数据来源：《2020 中国互联网消费生态大数据报告》）

3.2.2 微观特征分析

3.2.2.1 消费者个体行为逐步差异化

第一，网络消费趋于个性化与特色化。与传统实体经济的消费方式相比，数字经济下的消费更具有自由性及个体化、个性化、多元化的特征。在数字经济的背景下，由于互联网科技的推动，消费的个体化、个性化及多元化已经成为居民消费不可替代的特征。城乡消费者可以对网络产品进行个性化与特色化及多元化定制，可以使得居民的个性及愿望得到实现、尊重和发展。生产体系可以满足城乡消费者的特色化及多元化的个性需求，消费者特别是青年消费者更喜欢个性化的消费，因此消费的个性化与特色化及多元化的新特征，不仅能够使得城乡消费者个性得到自我实现，也可以为数字经济的发展与开发提供更广的消费市场与更多的消费群体。

第二，数字经济凸显了城乡消费者的主导性。数字经济凸显了消费者在产品价值链中的主导地位，互联网、大数据等数字技术使得消费者获取并接受新产品新服务信息的能力大大增强，产品及服务线上筛选和线下体验主导了其消费行为偏好。此外，数字经济及其技术成果扩宽了居民消费的途径，破解了居民消费的流动性约束，尤其是农村电商、移动网购等平台交易使得农村居民消费内容丰富的同时催生了消费的提质增效。

第三，网络消费的边际成本递减效应明显。由于经济转型及科技革命的冲击，中国传统生产服务性行业，许多都出现了边际收益逐渐下降的现象，数字经济环境下消费的边际收益并不会发生边际收益递减的现象，某些领域与产业还可能会出现边际收益递增。由于信息在网络上的共享性，网络消费产品可以复制，不会引起边际成本增加，进而引起市场交易量的增加。

第四，居民消费结构优化调整，消费品质迭代升级。数字经济时代的生产方式及科技革命为城乡消费者提供了丰富的信息产品资源和各种类型实体经济产品，提升了便利性，满足个人全面发展的需要，推动城乡消费者向获取自我实现及自身自由、自我愉悦的新产品开发战略倾斜。目前，居民的网络消费模式正在从生存型模式向发展型模式以及自我实现模式、享受型模式转变，同时说明数字经济时代中国居民的消费品质正在发生着迭代升级的新变化（见表3-3）。

表3-3　传统经济与数字经济条件下中国居民消费的特征表现

消费特征	传统经济业态	数字经济新业态
消费方式	实体店消费、体验消费	平台消费、关系消费和虚拟场景消费
消费习惯	棘轮效应和示范效应	强化棘轮效应和示范效应；平台依赖
消费行为	消费行为受有限信息制约	信息更对称，理性消费增加
消费结构	依赖收入增长等传统要素	挖掘使用价值，出现消费异化

第五，数字经济条件下居民消费行为的不确定性增加。数字经济时代居民消费行为从选择上看，相对于传统的线下消费，数字经济激发了居民不确定性与风险性消费，在消费行为上表现为消费对象选择的不确定性增加；由于数字经济环境的信息过载和信息冗余，对产品信息过度敏感的消费者又极易陷入选择困境，其消费行为的产生很大程度上取决于对筛选信息的能力。

总之，在以数字技术为核心力量的数字经济的驱动下，居民消费呈现出城乡居民消费差距缩小、网络消费营商环境与体系不断完善、网络消费趋于个性化且边际成本递减效应明显、消费结构优化调整加快、消费品质迭代升级加快、消费行为不确定性增加等新特征。

3.2.2.2　消费方式逐步差异化

第一，数字经济推动生产服务与消费方式深度融合、共享的实现模式与路径。在《资本论》中，马克思指出每一个商品都是一个符号，是因为商品的价值体现了人类劳动的外壳。同时，物质的生产方式制约着人类社会生活的整个过程，包括社会生活、政治生活和精神生活三个层面，可见，明晰数字经济所引发的社会生产方式变革是分析消费升级变迁与优化的前提条件。

数字经济驱动下，现代社会生产方式正在发生着深刻的变革。首先是网络技术与生产流程的深度融合。大数据、工业互联网等正深度融入设计、配料、生产等各环节，有效解决了生产供给侧和消费需求侧的信息不对称问题，破解生产的信息约束。网络技术将生产数据信息融入产业互联网、消费互联网等平台中，丰富消费内容的同时也催生了生产提质增效（吴振磊，李想，2015）①。其次是数据整合与要素重组优化的价值共创。借助工业数据、工业互联网等数字经济新业态，将工厂、车间乃至生产线所涉及的人、财、物等资源进行重新组合与分配，提高了传统制造的质量和效益，实现多主体、多层级的价值共创。最后，网络技术应用推动生产模式变革与产品升级的同步推进。历经网络技术应用及生产要素的重组后，产品更新换代周期缩短的同时，更为重要的是生产模式变革所带来的新型产品涌现和质量提升，为消费升级优化的实现提供了网络模式与信息技术的保证。

在数字经济时代，互联网、大数据和人工智能等数字经济模式已深度嵌入生产与消费各环节及中间过程，并带来多重生产要素的重新组合和分配，提高了产品生产力并衍生出新型产品。

首先，物流成为厂商与消费者之间连接的纽带。在数字经济环境下，技术的发展使得消费者实时跟踪商品的运输情况，有利于保障消费者的知情权，实时商品物流信息将通过网络进行传递。在物流传送方面占有一定优势，推动了消费品流通的开放性共享。数字经济对于产品营销方式的变革产生了一定的影响。数字经济很好地将品牌营销与物流传输相互融合，促进了消费总量的刺激。在传统的产品市场，消费者在实际消费中更加偏好知名品牌，如今，数字经济的发展使得品牌效应正逐步缓解，消费者更偏好消费品的实际用途；同时，App、微博、微信等新媒介迎合了日益分散化、碎片化的消费，实现了线上线下无缝衔接的消费路径，有效促进了传统消费质量的升级。而且新一代信息通信和数据分析技术还通过挖掘消费者碎片化信息促进了数字经济与新零售的融合模式，新零售成为数字经济衍生新业态的有效路径。

其次，数字经济缓解了传统产品市场的信息不对称，从而对于消费者以及生产者的行为同时产生积极影响。在生存型消费方面，人们打破了时间和空间的制约，通过网络消费平台传递需求，从而间接影响产品的生产方式和生产要求，从而使得生产的产品更好地满足消费者的生存需求；在享受型消费方面，数字经济利用相关技术可以更好地分析消费者的行为习惯，了解消费者的偏好，从而有目的地对消费者提供一定的建议，对于购买行为产生一定的刺激作用，使得商品的使用价值得到充分挖掘。

最后，大数据、云计算等技术变革，帮助生产者对消费者的行为习惯有了更清晰的认识和更明确的定位，从而引导消费者做出更合理、更有价值的消费

---

① 吴振磊，李想. 大数据时代中国新常态经济发展方式转型 [J]. 2015（4）：41-46.

决策。此外，由于科学技术在生产领域的快速渗透以及广泛应用，生产者可以建立起有效的沟通机理，有计划、有目的地进行生产行为决策。总而言之，数字经济激发了居民消费的新动能，实现了消费品生产与流通的开放性共享。

第二，数字经济驱动下居民生产与消费升级优化的新型循环方式。目前，数字经济深入发展，互联网、大数据和人工智能等数字经济模式已深度嵌入生产与消费各环节及中间过程，并带来多重生产要素的重新组合和分配，提高了产品生产力并衍生出新型产品。在数字技术创新与数字经济驱动下，由于消费者基于获取高层需要的本性，新型生产产品的衍生又循环创造了大量的新消费需求，基于使用价值和符号价值的商品消费开始普及，培育了人的消费力并形成新消费习惯。消费意识和习惯形成是引发消费行为的内因，尤其是在消费力得以满足之后，消费行为将自然并循环产生，城乡居民延续性消费行为推动了消费结构由低层级向高层级的升级转变与优化，在数字经济驱动下，居民生产与消费循环升级在实践中创造出新的市场创新模式和商业创新模式。马克思基于人的发展规律提出人的发展与消费结合可促进消费升级，暗含了消费习惯和消费行为变革将直接引发消费结构变迁与升级。

首先，数字经济与传统品牌营销、物流分销相融合，促进了传统消费的品牌碎片化和群体普及化。随着物质产品的不断丰富，不可避免地出现了消费的碎片化，集中体现在品牌碎片化和时间碎片化两方面。品牌碎片化即打破了少数品牌独领市场的局面。以往，消费者在实际消费中倾向于购买知名品牌或期望品牌；如今，品牌效应正逐渐减弱，消费者更加重视消费的实际功效。

其次，数字经济时代的消费历经平台消费、关系消费和场景消费的模式迭代，个性消费、定制消费增量提质。平台消费以传统电商平台或平台企业（如阿里巴巴、京东）为载体，衍生了大量消费信息和数据，应用数据抓取、挖掘和分析技术，平台可更精准、更快捷地提供满足消费者使用价值的产品。移动互联网、信息通信技术的迭代创新又将传统的平台消费引入关系消费的新形态，借助通信工具如微信、QQ、微博等，厂家与消费者之间进行充分的信息交互，甚至建立有别于一般意义上的客户关系，消费模式更趋近定制化。场景消费则是基于可视化通信工具，如抖音、快手、直播等。场景消费伴随着新零售，阿里巴巴对新零售的定义为"以消费者体验为中心，数据驱动的泛零售形态"，其中，消费体验的场景化作为新零售的重要特征凸显了数字经济业态下居民消费的升级。

最后，数字经济依赖于海量的数据及相应的数据资源，大大降低了传统产品消费的信息不对称性，促进产品质量的持续改进。在生存型消费方面，人们打破时间、空间限制，通过网络平台更全面、更真实地介入消费体验，这种用户直接参与产品生产的方式极大地保证了实物消费品质（如伊利可视化工厂）。在享受型消费方面，以虚拟产品消费为例，数字经济时代应用图像识别、数据计算和分析技术，商家可以更准确地辨识产品消费者的行为特征，增加消费者个性化的精神享受需求，提升虚拟产品的情感价值。马克思认为，资本运动本质在于实现商品价值，商品的使用价值又是在消费中得以实现。数字技术应用对于商品使用价值的挖掘将产生积极作用。一方面，依托于大数据、云计算与深度学习等技术变革，供给端可针对不同类型产品的使用价值展开需求分析，引导消费者进行更合理、更具价值的产品消费；另一方面，由于物联网和电子技术向生产领域的快速渗透，消费者可以随时随地对接各种潜在的商品，并建立供给侧和需求侧畅通沟通的机理，避免供需失衡。总而言之，数字经济通过促进商品使用价值的充分挖掘，在实践中创造出新的符合数字经济的市场创新模式和商业创新模式，激发了居民消费的新动能，实现了数字经济环境下消费升级与结构优化的持续发展。

3.2.3　总体性特征评价分析

3.2.3.1　指标与数据

本书一方面应用时间序列数据分析法，观测较长一定时期（改革开放后40年）居民消费结构的动态变迁；另一方面从传统要素（主要包括居民可支配收入、人口结构等）和数字经济发展水平（数字经济基础增加值规模）两个层面分析引发居民消费结构变迁的因素。整体分析基于宏观层面居民消费的实践序列数据，选择以下指标（变量）进行深层次分析（见表3-4）。

表3-4　居民消费变迁现状分析的主要指标（变量）设计与测度方法

变量	变量属性	变量测度
居民消费支出	绝对值	居民最终消费支出总额
居民消费结构	相对值	八大类消费品支出比例
居民可支配收入	绝对值	—
居民年龄结构	相对值	60岁及以下人口占比/%
居民受教育结构	相对值	大专及以上受教育人口/%
居民性别结构	相对值	男性与女性人数的比例/%
电子信息制造业增加值	绝对值	电子信息制造行业增加值

表3-4(续)

变量	变量属性	变量测度
基础电信业增加值	绝对值	电信业增加值
互联网产业增加值	绝对值	产业增加值绝对值
软件开发与服务产业增加值	绝对值	产业增加值绝对值

本书以数字经济环境下中国居民消费的影响因素分析为基础和指导,分析评价中国居民消费演变总体特征与趋势,本章所需数据主要来源于政府统计公报及统计年鉴等公开资料。其中,居民八大类消费结构数据主要来自《中国统计年鉴》(1990年至2019年),并结合《中国商务统计年鉴》进行了数据矫正;数字经济及相关产业产值等主要来自中国社会与经济发展统计数据库和《中国区域统计年鉴》等资料。

对采集的数据进行如下处理:①缺失数据的补全。数据采集中,对于乡村居民可支配收入缺失部分年份的数据,采用线性插值法进行补全,即应用可观测年份的居民可支配收入除以GDP,并将此作为基准;获取缺失年份的居民可支配收入,可用当年国内生产总值乘以GDP。②数据的标准化处理。为确保序列分析不受影响,对采集到的数据进行标准化处理,后文对变量平稳性检验、典型相关分析和格兰杰因果关系检验等均采用标准化后的数据。③数据的一致性处理。获取的数据中,对于居民受教育程度(大专及以上学历人口),由于不同年份采用的抽样方法和抽样比例的不同存在数据不一致,为此将获取到的抽样数据在当年大专及以上各阶段受教育人口加总后,再乘以当年的抽样比例予以换算。

$$X' = \frac{X_i - X_{min}}{X_{max} - X_{min}} \tag{3-1}$$

式(3-1)中,X_i为指标观测值,X_{min}为指标初始最小取值,X_{max}为指标初始最大取值,X'为标准化后指标值。

3.2.3.2 居民消费结构发展变迁特征的统计分析

基于获取的1995年至2019年中国居民消费的时间序列数据,分析八大类消费品支出结构及动态变迁趋势,观测居民消费结构变迁的总体特征。

(1)数字经济发展与居民消费变迁表现出同步性

平稳性反映了事物及观测值发展的时间规律,通过平稳性检验可明晰预测居民消费的长期趋势。基于获取的1990年至2019年城乡居民消费的时间序列数据,进行平稳性检验。

①单位根检验

根据时间序列的 VAR 模型要求，各个指标变量的序列必须保持平稳，如果时间序列处于波动状态，就会造成伪回归现象。因此，本书须进行单位根检验，并采取 ADF 检验方法，通过变量概率值与显著水平的对比结果，来明确样本数据是否存在单位根。ADF 检验的原假设为：时间序列中有一个或者多个单位根存在。本书通过分析检验结果与假设的匹配度来进行判断数据对象的时间序列是否处于平稳状态。如果检验结果接受原假设，说明数据的时间序列存在单位根；相反，序列不存在单位根，时间序列保持平稳，这时可进一步构建检验模型。

本部分借助 ADF 检验方法，即对前文获取的居民食品消费、衣着消费等八大领域消费支出时间序列数据展开分析。表3-5 呈现了食品、衣着等居民生活消费项的单位根检验结果。结果显示，城镇居民食品消费支出 T 统计量检验值为-1.59，大于 1%、5% 和 10% 显著性水平上的临界值，因此可判别该检验存在单位根，时间序列是非平稳的；对于衣着、居住、交通等其他消费项同样可得到类似检验结果，在此不再赘述。

表3-5　居民消费支出时间序列数据的单位根检验结果（城镇居民）

生活消费项及标识	T 统计量	概率值 P	1% 显著水平	2% 显著水平	3% 显著水平
食品（LC1）	-1.592 4	0.761 1	-4.467 8	-3.644 9	-3.261 4
衣着（LC2）	-1.423 9	0.822 9	—	—	—
居住（LC3）	-0.687 8	0.960 7	—	—	—
交通通信（LC4）	-1.660 9	0.732 3	—	—	—
家庭生活用品（LC5）	-0.431 6	0.978 7	—	—	—
教育文化娱乐（LC6）	-1.325 3	0.852 6	—	—	—
医疗保健（LC7）	1.567 1	1.000 0	—	—	—
其他（LC8）	-2.065 9	0.533 8	—	—	—

数据来源：经 Eviews 9.0 单位根检验结果，由作者整理而来。

由表3-6可知，农村居民消费中，交通消费时间序列的单位根检验通过1%上的显著性水平（概率值为 0.004 6，T统计量为-4.849 3），说明该数列为平稳序列。

表 3-6　居民消费支出时间序列数据的单位根检验结果（农村居民）

生活消费项及标识	T 统计量	概率值 P	1% 显著水平	2% 显著水平	3% 显著水平
食品（LC1）	-0.333 0	0.983 4	-4.467 8	-3.644 9	-3.261 4
衣着（LC2）	-0.401 9	0.980 2	—	—	—
居住（LC3）	-0.687 8	0.960 7	—	—	—
交通通信（LC4）	-4.849 3	0.004 6	—	—	—
家庭生活用品（LC5）	-0.431 6	0.978 7	—	—	—
教育文化娱乐（LC6）	-1.325 3	0.852 6	—	—	—
医疗保健（LC7）	1.144 4	0.999 8	—	—	—
其他（LC8）	-1.039 3	0.915 9	—	—	—

数据来源：经 Eviews 9.0 单位根检验结果，由作者整理而来。

②协整检验

通过单位根检验，发现除少数指标外，居民消费各项时间序列均未呈现出平稳性。然而，对于上述居民消费及消费结构时间序列数据自身虽然没有表现出平稳性，但并不能排除它们与某些变量或某种线性组合呈现出长期稳定的比例关系。依据现有理论研究，居民消费及结构变迁受居民收入、人口结构等要素影响显著，因此通过检验居民消费支出与上述传统要素间的协整关系，可进一步观测居民消费结构变迁的特征。协整检验的方法与 ADF 检验的方法相同，但需要对各序列进行一阶差分和二阶差分。以居民食品消费支出序列 LC1 为例，进行单整检验，其一阶差分和二阶差分后的趋势如图 3-19 所示。

由图 3-19 可知，时间序列 LC1 经过一阶和二阶差分后，呈现出如下特征：一阶差分后序列仍然表现出上升趋势，因此，可同时选择包含常数和线性趋势的检验方程。经验证后，可发现采用滞后期 P＝2 是恰当的，检验结果显示 T 统计量为-3.782 0，该统计量仍大于 1%、5% 和 10% 的临界水平值，说明一阶差分后序列认为非平稳序列。对序列 LC1 进行二阶差分后，序列在 0 上下波动，故可采用无常数项和趋势项的检验方法，经检验后可知 T 统计量为 -4.157 9，该统计量大于显著性水平为 10% 的临界水平，可认为二阶差分后的序列 LC1 为平稳序列，即为二阶单整。对居民消费支出所有时间序列进行单整检验后，可发现存在二阶差分平稳的序列有：居民食品消费支出（LC1），居民居住消费支出（LC2），居民交通通信消费支出（LC4），居民家庭生活用品消费支出（LC6）。分别引入两类影响居民消费结构的传统要素即居民可支配收入、人口结构和数字经济发展要素（数字产业增加值）与上述满足二阶差分平稳的时间序列变量进行协整分析。变量协整检验结果如表3-7和表3-8所示。

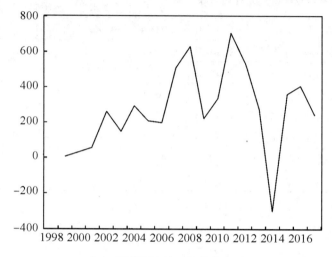

（a）序列 LC1 的一阶差分序列

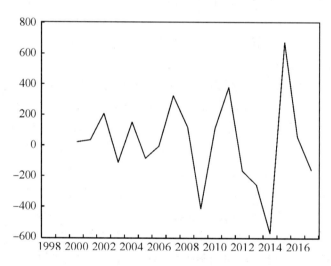

（b）序列 LC1 的二阶差分序列

图3-19　序列 LC1 的一阶差分和二阶差分序列趋势

（数据来源：经 Eviews 9.0 双重差分分析结果，由作者整理而来）

表 3-7 居民可支配收入、人口结构与城镇居民消费的协整的 T 检验值

协整变量	LC1	LC2	LC3	LC4	LC5	LC6	LC7	LC8	是否存在协整
居民可支配收入	0.038	0.103	0.089	0.213	0.324	0.203	0.089	0.420	存在协整
60 岁以下人口	0.036 2	0.065	0.393	0.406	0.508	0.402	0.231	0.65	存在协整
大专以上受教育人口	0.329	0.389	0.331	0.206	0.539	0.428	0.198	0.352	不存在协整
男女性别比	0.105	0.217	0.269	0.285	0.095	0.189	0.205	0.636	存在协整

数据来源：经 Eviews 协整检验，由作者整理而来。

表 3-8 居民可支配收入、人口结构与农村居民消费的协整检验结果

协整变量	LC1	LC2	LC3	LC4	LC5	LC6	LC7	LC8	是否存在协整
居民可支配收入	0.106	0.209	0.306	0.548	0.318	0.286	0.458	0.531	存在协整
60 岁以下人口	0.118	0.387	0.298	0.391	0.330	0.453	0.291	0.220	存在协整
大专以上受教育人口	0.320	0.338	0.298	0.648	0.621	0.736	0.778	0.609	存在协整
男女性别比	0.158	0.227	0.393	0.496	0.435	0.446	0.509	0.702	不存在协整

数据来源：经 Eviews 12.0 协整检验，由作者整理而来。

由表 3-7 可知，除"人口结构—大专以上受教育人口"外，其余传统要素与城镇居民消费支出序列均存在协整关系。除"男女性别占比"之外，其余传统要素与农村居民消费支出序列变量也均存在协整关系。通过协整检验可以看出，就长期而言，居民消费及结构调整仍可能依赖于居民可支配收入、人口结构等传统要素，居民收入增长和人口结构变化是引发居民消费结构变迁的前提。

（2）数字经济发展与居民消费变迁具有典型相关性

应用典型相关分析法，测度基于当前数字经济的成果，选择数字经济典型产业即通信、信息和软件开发等行业，通过测度产业增加值与居民消费结构的相关系数与显著性水平判断居民消费结构变迁和数字经济发展之间的关系。依

据《中国数字经济发展和就业白皮书（2019 年）》，数字经济包括两大部分，即产业部分和数字融合部分。其中，产业部分以信息通信产业为基础，涵盖电子信息制造业、电信业、软件和信息技术服务业以及互联网业等行业。限于数据的可获得性，本部分基于获取的 2000 年至 2019 年的数字经济基础产业增加值数据和相应年份居民消费支出时间序列数据进行典型相关分析。

网络产业驱动了社会生产和消费方式变革，统计资料显示，2019 年信息通信产业规模达到 8.4 万亿元，占国内生产总值的比例超过 9%。数字经济向消费领域的渗透不仅放大了居民消费能力，更催生出新的消费模式（如新零售）和消费市场。可见，数字经济及产值成为分析居民消费变迁中不可忽略的要素。2000 年至 2019 年，中国信息通信产业增加值年均增长率超过 15%；与此同时，城乡居民消费增长率略滞后于信息通信产业产值增长，为 11.5%。从整体趋势看，信息通信产业增加值与居民最终消费增长率呈现出明显的同步变化趋势，尤其是 2010 年至 2019 年这 10 年间，两者具有大致相同的增长趋势，说明数字经济与居民消费支出存在相关性。进一步考察数字经济发展与居民消费结构调整关系，则可以通过检验信息通信产业增加值与居民八大类消费支出结构（占比）的相关性予以验证。

表 3-9 给出了 1995 年至 2019 年中国数字经济发展水平与居民消费支出双侧相关性检验结果。可知，电子信息产业增加值与食品、衣着等八大类消费支出的相关系数分别为 -0.323 1、0.456 2、0.763 9、0.657 8、0.752 9、0.653 9、0.527 4 和 0.357 8。

其中除食品消费支出外，电子信息产业增加值与各变量的相关系数均为正，且均通过 10% 或 5% 水平上的显著性检验。电子信息产业增加值与居民食品消费支出的相关系数为负，但并未通过显著性水平检验。

表 3-9　居民消费结构变动与数字经济基础产业增加值间的相关系数

行业类别	食品	衣着	居住	家庭生活用品	交通通信	教育文化娱乐	医疗保健	其他
电子信息产业增加值	-0.323 1	0.456 2	0.763 7	0.657 8	0.752 9	0.635 9	0.527 4	0.357 8
P 值	0.110 3	0.001 0	0.012 0	0.236 5	0.229 8	0.443 5	0.117 6	0.226 0

数据来源：经 Eviews 典型相关分析，由作者根据分析结果整理而来。

（3）数字经济发展与居民消费变迁存在格兰杰因果关系

应用格兰杰因果关系检验分析数字经济发展与居民消费结构之间是否存在相互影响或单向的因果关系。基于前文的单位根检验和协整检验，应用 Eviews 9.0 对信息通信产业增加值和居民享受型消费、发展型消费支出进行格兰杰因果检验（检验结果如表 3-10 所示）。

表 3-10　信息通信产业增加值与居民消费结构调整的格兰杰检验结果

滞后阶数	格兰杰（Granger）因果关系	F 统计量	显著性水平	是否存在格兰杰因果
1	信息通信产业增加值非生存型消费增长的原因	—	0.187 6	接受原假设
	生存型消费支出非信息通信产业增加值的原因	—	0.321 9	接受原假设
2	信息通信产业增加值非生存型消费增长的原因	—	0.320 9	接受原假设
	生存型消费支出非信息通信产业增加值的原因	—	0.223 6	接受原假设
3	信息通信产业增加值非生存型消费增长的原因	—	0.263 8	接受原假设
	生存型消费支出非信息通信产业增加值的原因	—	0.286 5	接受原假设
1	信息通信产业增加值享受型消费增长的原因	—	0.109 8	接受原假设
	享受型消费支出非信息通信产业增加值的原因	—	0.236 5	接受原假设
2	信息通信产业增加值非享受型消费增长的原因	—	0.130 9	拒绝原假设
	享受型消费支出非信息通信产业增加值的原因	—	0.090 1	拒绝原假设
3	信息通信产业增加值非享受型消费增长的原因	—	0.308 5	拒绝原假设
	享受型消费支出非信息通信产业增加值的原因	—	0.336 7	拒绝原假设
1	信息通信产业增加值非发展型消费增长的原因	—	0.460 9	接受原假设
	发展型消费支出非信息通信产业增加值的原因	—	0.330 9	接受原假设

表3-10(续)

滞后阶数	格兰杰（Granger）因果关系	F 统计量	显著性水平	是否存在格兰杰因果
2	信息通信产业增加值非发展型消费增长的原因	—	0.208 6	接受原假设
	生存型消费支出非信息通信产业增加值的原因	—	0.051 9	接受原假设
3	信息通信产业增加值非生存型消费增长的原因	—	0.010 1	拒绝原假设
	生存型消费支出非信息通信产业增加值的原因	—	0.000 0	拒绝原假设

数据来源：应用 Eviews 9.0 进行格兰杰因果关系检验，经作者整理而来。

经检验可知：①信息通信产业增加值与居民享受型消费存在格兰杰因果关系，且这种因果关系表现出滞后性，即在滞后 2 期和 3 期后信息通信产业增加值对居民享受型消费产生了影响（分别通过 5% 和 1% 水平上的显著性检验）。②信息通信产业增加值与居民发展型消费存在显著的格兰杰因果关系，前者是引发居民发展型消费支出增长的原因。同时，上述因果关系也表现出一定的滞后性，即滞后 3 期后信息通信增加值引发了居民发展型消费增长。③信息通信产业增加值与居民生存型消费未表现出显著的格兰杰因果关系，其滞后 1 期至 3 期的格兰杰检验均未通过显著性水平检验，拒绝了存在显著性因果关系的原假设。综上所述，居民消费结构调整受数字经济发展水平的影响显著，数字经济发展促进了城乡居民消费结构的优化调整，即从生存型消费转向享受型和发展型消费。

3.3　数字经济环境下居民消费发展的影响因素分析

在消费经济学研究中，对于消费需求以及消费结构的影响因素进行了不断的探讨，研究表明，影响消费需求的主要因素包括：居民经济收入（绝对收入、相对收入、实际收入、名义收入、预期收入）、消费品价格、产业结构（生产的部门结构和部门内部结构、产品结构、产品质量问题）、非经济因素（人口数量与结构如年龄结构等）。影响消费结构的因素包括主要包括：产业结构、居民的收入等①。这些影响因素都会在一定程度上影响消费需求以及消费结构，进而对消费升级产生影响。

消费结构是一个复杂的系统，因此其影响因素自然也是复杂多样的。对此，可以从宏观和微观两个层面来考察数字经济条件下各种影响因素对消费结构的影响作用。从宏观层面上看，会影响消费结构的因素大致有国民经济发展总体水平、产业发展水平和产业结构状况、消费环境、物价水平及其变化、参与经济的人口基本情况以及经济政策和利率政策等；从微观层面上看，会影响消费结构的因素一般包括个人收入、家庭收入情况、家庭人口类型及人口数量、个人消费观念和消费文化以及房价水平、互联网基础设施建设水平等。

数字经济（以信息资源为主要消耗）是一种不同于传统经济（农业和工业经济，以自然资源为主要消耗）与互联网服务业相连的经济，是一个产业集群的概念，是服务型经济与体验型经济相同的基础经济体系，主要指的是依托于互联网的第三产业。同时，数字经济又是建立在传统经济之上的，依托于传统经济的基础力量进行发展，归根到底，数字经济就是一种新的产业的出现，这种新的产业的出现，使得旧的生产与消费的界限变得模糊、传统产业及生产与消费出现融合，新的产业及生产与消费有进一步发展，由此所造成的消费者选择范围的多样化、选择数量的定制化，正如汪丁丁教授在《记住未来》一书中所讲，数字经济有着三大基本原理：专家控制、纵向整合、服务于消费者的大规模量身定制②。目前，数字经济正在深刻影响着消费的组织、运行、服务和消费供给模式，必须具体分析数字经济条件下各种影响居民消费的因素及对消费结构的实际影响，并考察网络基础设施与物理条件因素和数字经济环境下国民经济综合影响因素对消费者的综合影响。

3.3.1 网络化消费的基础设施

3.3.1.1 互联网基础设施建设水平

21 世纪以来，中国互联网基础设施的建设水平在总体上呈现出爆炸式的发展趋势，建设速度、规模等都远远领先于世界其他国家。从最初的基础因特网到移动互联网再到 3G、4G 以及 5G 网络通信技术的普及，从最初的网络黄页到网址导航再到如今的手机应用软件，互联网基础设施的发展为中国经济发展以及产业转型、消费升级做出了重要贡献，更在一定程度上有效地改变了社

---

① 尹世杰. 社会主义消费经济学 [M]. 上海：上海人民出版社，1983.
② 汪丁丁. 记住未来 [M]. 北京：社会科学文献出版社，2001.

会总体消费结构。但是，中国的互联网资源还处于相对匮乏的水平，无法支撑逐渐激增的网民和网站数量，互联网环境以及各种基础设施、设备（服务器、交换机）质量尚不能与发达国家相比较，存在较大差距，这些都会对中国数字经济的发展起到一定的阻碍作用。同时，中国社会中存在的一些较为明显的消费结构差异也与互联网基础设施建设水平存在关系。譬如农村地区与城市地区、东部发达地区和西部欠发达地区在互联网基础设施建设水平上存在较为明显的差距，这将显著地反映在互联网经济的发展水平差距上，而这也将加剧地区经济之间的差异，从而影响地区之间的消费结构。

3.3.1.2 互联网普及率

这是一个十分常用的网络消费影响因素指标，因互联网的普及促使网络消费被更多的人熟知并接受，同时互联网的普及和升级使得现在的网络消费由早期的 PC 端转移到移动端，更加方便、快捷、随时随地能进行网络消费，节约网络消费时间成本的同时赋予网络消费更多的灵活性，在一定程度上增加了现在快节奏生活的城镇居民的消费可能性，为其消费提供了更多的便利。互联网的普及和推广在现今社会已经变为一种必然趋势，互联网已经越来越融入人们的生活之中。以此相类似的指标还有移动电话普及率、网络购物渗透率和网络支付渗透率等，这些指标都表示互联网的普及程度。

3.3.1.3 互联网应用和成效

随着互联网的不断普及和互联网基础设施的不断搭建，互联网深入人们生活，为人们带来更多的互联网应用和成效，也在一定程度上促进网络消费的增加，进而促进总消费增长。其中，最为突出的就是电子商务平台的交易规模的不断攀升以及互联网相关产业的蓬勃发展。随着互联网在生活各个方面的应用不断加深，尤其是在零售环节，互联网零售规模的扩展使得人们看到了互联网消费的潜力，全国快递业务的增加体现了在数字经济环境下物流行业和零售品行业的不竭动力，网络购物用户规模的攀升表明了居民对于网络购物接受度的不断提升，大宗商品电子交易平台数量、第三方支付平台数量的不断增加，都在一定程度上反映了数字经济下居民消费的不断增加态势。

3.3.2 国民经济的综合影响

3.3.2.1 国民经济发展总体水平

目前，网络正在为传统实体经济转型升级和变革创新发展注入新动能。在数字经济迅速发展的前提背景下，国民总体经济发展水平也相应地有了显著的提高。数字经济已经成为一种新兴的经济形态，网络化的组织运作模式和平台交叉商业模式为生产力的快速发展提供了可能，有效地推动了经济发展方式转变和经济结构转型升级，是当今国民经济中高速增长的后盾，为整个社会创造新技术、新服务以及新业态提供良好环境，促进国民经济整体发展。据统计，预计未来 5 年，互联网经济占 GDP 年增长率将从 0.4% 增加到 1.2%，互联网创造了中国经济的快速发展，也造就了居民消费水平和消费结构的变化。

3.3.2.2 产业发展水平和产业结构

进入数字经济时代以来，数字经济的发展为我国产业结构的发展和转型升级做出了不可忽视的重要贡献，它已经成为中国产业转型升级的重要助推器。2015 年，国家出台文件指出，工业互联网、大数据、智能化与各行业协同发展，尤其是与制造业融合发展，并逐步引导互联网企业向国际市场拓展，促进产业的转型升级，增强经济发展动力①。2019 年，党的十九大报告也强调，中国经济已步入高质量发展阶段，在新发展格局背景下，更应适时调整产业结构，转换经济增长动力，跨越实现长期战略目标。但是，中国的产业结构由于历史原因和自身经济水平限制等，一直存在着发展转型缓慢、高耗能低效率产业占比较高、传统制造业产能过剩、创新不足以及生产服务性产业与传统产业发展不协调等基本问题。随着网络技术的快速发展，网络与产业实体进行了深入融合，形成运用新技术、新模式、新业态、新经济的现代化经济体系，产业互联网将成为解决相关产业转型问题和推动传统产业转型升级的重要推动力量。此外，网络衍生的平台交叉商业模式以及网络结构生产组织模式不断推动产业加快转型升级，实现适应现今数字经济时代的新兴服务供给模式，高效进行资源的优化适配和整合利用，以网络所具有的特色带领企业实现线上线下的有机融合和即时对接，降低企业运营成本，扩展企业发展空间，网络虚拟空间与物理空间的有效结合和扩展，改善企业成长环境，有助于企业集聚创新要素，应对市场需求与挑战，不断推动产业健康、绿色发展，构建新时代产业结构新格局，从根本上（生产环节）改变居民消费结构。

3.3.2.3 个人及家庭收入

在数字经济时代，伴随数字经济发展的是中国经济长达数十年的高速平稳增长，同时数字经济的发展有效地盘活了整个经济领域，有效地刺激了消费和内需，居民的生活水平和购买力相比之前有了质的提升。居民购买能力的增强也意味着居民消费水平的提高，消费结构必然也就向更高层次跃升。这不仅要

---

① 第十二届全国人民代表大会第三次会议政府工作报告全文[EB/OL]. [2015-03-17]. http://he.people.com.cn/n/2015/0317/c192235-24177313-4.html.

求消费质量的提高，也包括消费领域的扩展和结构的升级。其在经济领域可以具体表现为居民消费总量的增长和居民消费结构的升级，最为明显的就是食品等生活必需品支出在居民消费支出中的比重在逐渐下降。与此相反，科学、教育、旅游等发展型和享受型消费占比在进一步上升。

3.3.2.4 消费环境

网络技术在深入人们日常生活的过程中，有效地加快了信息的传播速度，降低了其传播成本。在消费领域，人们能够通过网络技术了解到比传统环境下更多的相关信息，基于大数据技术下的社会信用体系有效地改善了传统的消费环境，促进了商业的飞速发展。在此条件下，消费环境的相应改善使得许多在传统条件下受制于信用体系不完善和信息传播不及时的相关产业得到了迅速的发展，这样的改变也相应地引起了居民整体消费结构的改变。比如，在传统条件下，由于信息不完全和信用体系不完善，信贷消费发展难度极高，而在基于大数据平台建立的全网联通的社会消费信用体系下其得到了制度性的保障，并如雨后春笋般迅速地发展起来。在此基础上，社会整体对于在传统条件下风险较大、较为超前的消费观念有了实质性的转变，消费环境的透明化、公平化有效地改变了传统的消费结构。

①消费品价格水平

由于网络技术所具有的功能有效地降低了传播信息的成本，传统商业模式中的仓储、运输、人工以及实体店铺租金等一系列成本被有效地节省下来，相应地同等条件下的产品在电商化后价格就可以降低许多而不影响原有利润。因此在许多领域，物价整体水平便会有显著的下降，从而带来一系列的相应变化。消费品价格的变化对消费结构有着很重要的影响。

②消费观念和文化

如今，网络已经伴随我们走过了数十年的历程，深刻地改变和影响了我们每个人的行为习惯和消费观念，也促成了网络时代独特的消费文化的形成。网络时代高效、质优的贸易流通为消费者提供了高速、低价的消费服务，并使得消费者逐渐习惯于这种消费服务。相比于传统的消费渠道，网络消费为消费者提供更多的消费渠道和更高效的商品流通效率，降低了商品价格和交易成本，优化了消费实现条件，便于消费者做出消费决策。因此在数字经济时代，消费者的需求和欲望需得到最快速、最高效的满足。与此同时，网络消费和网络支付的便捷性无形中促进了超前消费的发展，传统条件下的现金交易带来的感官和实体感受往往使得人们不愿意进行超前或过度消费，而网络时代交易的数字化则大大降低了这一直接刺激，影响了人们新的消费观的形成。同时，借助于网络消费的发展，人们对于奢侈品、高档耐用品以及服务、文化类等较高层次的产品有了更多更直接的需求，消费结构在这种新的消费主义文化背景下出现了翻天覆地的变化。

（5）人口数量与结构

网络时代下，人们和整体经济社会的联系和结合更加紧密，直接参与经济的难度也是一再降低。人们只要持有能够接入互联网的移动设备，便可以足不出户就与全球几乎任何一个角落产生直接的经济联系。在这种情况下，具有易于接受新事物、敢于尝试、充满冒险精神的年轻人群体日益成为当代社会参与经济的主力军，而其中又以热衷改变和享受购物乐趣的年轻女性为主体。因此，在数字经济时代，消费主体年轻化、低龄化、女性消费主义崛起成为现代经济参与人口的基本特征；与此同时，由于互联网基础设施普及率以及地区经济发展水平的基本差异，农村地区人口与城镇居民人口在当代经济中参与程度的差异也呈现出扩大的趋势。基于人口基本特征的不同，数字经济条件下的消费结构也呈现出与之相对应的变化。年轻群体追求高度自由、个性化、科技化、时尚化的消费，他们站在时代的前沿，他们是新商品、新型消费方式的追求者，偏向独特风格的、个性化的商品。同时，他们的消费观念发生了改变，拥有着超前消费的意识，养成了信用消费的习惯，线上分期付款消费已成为常事。再加上对数字经济环境的熟悉以及较强的信息搜索能力，年轻消费者不盲从价格与品牌，追求适合自身的质量、品质，同时会考虑在自身可承受范围内（在有限的消费预算范围内）选择适合自身身份、个性、气质的产品，以达到消费的最终目的——自身需求的满足。他们会优先综合考量消费的渠道、种类、目的以及售后。

另外，在中国的家庭社会结构中，接触过网络的人群已经成为家庭中的主要劳动力，家庭生活与消费决策和数字经济之间的联系必然会越来越紧密。在消费决策中家庭角色的不断强化，主要体现在消费场景家庭化决策的占比不断提高，由 2007 年的 24.1% 上升到 2017 年的 33.5%。消费者决策由原来的个人决策到家庭决策正逐步发生着改变，网络营销的重点也逐步发生改变，由精准化的个人营销转向了家庭化的全员营销，进一步形成"家庭网络化"趋势，实现"家庭网络全连接"。家庭内部的基本特征如人口结构、人口数量、收入水平、所处地区和家庭人口素质等，都会成为影响消费结构的因素。同时，到 2018 年年底，网民总数的 67.8% 为 10～39 岁的群体，其中 26.8% 为 20～29 岁龄段的网民，并且 40～49 岁以及 50 岁及以上的网民人数不断增长，网络消费群体的中青年化非常明显，并不断向中高龄渗透①。

(6) 房价水平

房屋作为当代社会最重要的消费品，在有着强烈房屋需求文化传统的中国人眼中占有着非常特殊的地位，拥有一套属于自己的房屋是一个传统的中国人毕生所追求的目标，因此，房屋的价格对于任何时代中国社会消费结构的变化都有着非常重要的特殊影响。数字经济时代，房屋的价格水平仍旧居高不下，且有持续上涨的趋势，使得本应在网络时代蓬勃发展的消费主义文化受到了较大的阻碍。在房价水平持续上涨且在短时间内居高不下的情况下，无房的消费者在各类消费上必然会较大程度地削减比例，将绝大部分的收入所得储蓄为购房基金，这种情况下消费者的生活质量很难得到改善，恩格尔系数必然居高不下，消费结构仍然停留在侧重于生存型消费的低级层面上。当前中国的总体房屋价格依然保持在一个相对较高的水平，且仍然没有下降的趋势，预计这样的房屋价格水平仍然会在将来很长的一段时间内对消费结构的调整和居民生活水平提高产生较大的阻碍。有志于成家立业的年轻消费群体受制于较高的房价水平，即使在网络消费充满各种诱惑和便捷的情况下依然不会贸然选择消费升级，消费结构的调整并不会做出过大的改变。当然，在网络消费主义的巨大影响下，也有一部分年轻人选择打破传统，以独身主义或是租房结婚的手段来逃避高房价带来的经济压力而保障自己的消费水平，这部分人在当下仍然只占据了非常小的一部分，但未来随着时间的推移和社会的发展也将会有所发展。倘若未来房屋价格能够有所回落，居民购房的压力将会随之减小，必然能够使数字经济环境下的消费主义发挥更大的作用，释放相当一部分的消费潜力，促使消费者对于享受型、发展型的消费品需求增加，从而使得消费结构发生转变。

(7) 经济政策

经济政策，就是国家或政府为了达到宏观经济目标，而制定的解决经济问题的指导原则和措施。在数字经济时代，国家推出了诸多与互联网经济发展相关的重要政策性文件，为数字经济的发展提供了制度层面的支持和保障，能够有效地进一步推动互联网与各个产业之间的深度融合，在促进中国经济深入发展的同时也对居民消费结构的改变起到了一定的作用。

(8) 利率水平因素

目前，货币与金融政策中对消费起主要作用的是利率政策，主要指利率的

---

① 第43次中国互联网发展状况统计报告 [EB/OL]. http://www.sohu.com/a/270636563_465378.

调整与变动对消费信贷的影响。利率作为基本杠杆，能有效撬动收入与消费之间的平衡，实现超前消费或推迟消费，改变居民消费结构。邓琳琳、邱丽丽（2017）认为，利率对城镇居民消费分类中的衣着、家庭设备、医疗保健消费不产生显著影响，而对农户除居住外的其他消费分类产生显著影响，由此可见，利率对消费结构影响的复杂性，调整利率更能影响农村居民消费结构①。

综上，需要明确的是，国民经济综合影响因素大多创生于数字经济环境之前，在数字经济没有或不发达的阶段以及数字经济存续或发达阶段，都对居民消费产生重要影响，该因素包括国民经济发展总体水平、产业发展水平和产业结构状况、个人及家庭收入水平、消费环境、人口数量及结构、房价水平以及经济政策和利率政策。网络基础设施与物理条件因素则包括互联网基础设施建设水平、互联网普及率、互联网应用和成效等，是数字经济存续或发达阶段的标志。数字经济环境下中国居民消费的影响因素分析是本文关注的基础问题之一，是评价数字经济环境下中国居民消费演变总体特征与趋势的基础，也是后文效应分析以及实证检验工作的基本前提条件。

3.4 数字经济环境下居民网络消费升级存在的问题

从以上的实践及理论研究看，数字经济已经渗透到中国各个行业、各个领域，尤其是在数字经济环境下网络消费有效地促进了行业发展，克服了传统模式下交易成本过高、边际效用递减等问题，促进了居民消费行为、消费习惯、消费水平和消费结构的变革。然而随着新技术的不断涌现及互联网环境的日益复杂化，加之现实经济环境中城乡发展不协调、不均衡，数字经济环境下居民消费开始面临新的问题。前期问题主要在于网络消费的基础设施的不完善所引起的网络消费的不信任等，在现今，随着网络消费发展，问题主要出现在宏观经济与消费升级、消费者的收入与负债、网络及其相应服务的配套等方面。

3.4.1 宏观发展问题

3.4.1.1 数字经济与宏观经济结构及网络消费的升级问题

在实体经济与虚拟经济的结合中所出现的产业、商品供给的有效与无效问题关乎居民消费需求的满足。其中，无效产业与商品的堆砌以及有效产业与商

---

① 邓琳琳，邱丽丽. 利率对中国居民消费的影响［J］. 当代经济，2017（3）：54-55.

品的缺乏，比如传统产业的产能严重过剩与新兴创意产业、服务业的严重缺乏，同质化、假冒伪劣商品的泛滥与个性化、高端化、品质化商品的缺口，人口老龄化加重与老年养老、保健等产业的缺乏，居民精神文化产品的需要与文化创意产业产品的不成熟，等等。在如今数字经济时代，消费者群体的年轻化、个性化以及人口结构（包括教育结构、年龄结构、性别结构等）的不断变化影响着居民消费和产品生产，使得居民消费升级更多关注宏观经济与产业视角，如何达到居民消费与宏观经济以及产业的匹配是需要解决的主要问题。当然，网络所实现的全球化、便利化购物使得居民消费得到一定程度的满足，但也随之产生一些"海淘"现象，导致中国居民消费内需的外流，在一定程度上抑制了中国相关产业的发展，因此居民网络消费升级与国内经济发展表现出相背离的态势，这显然不利于居民消费的长期、持续化升级。这种情况下，中国居民消费升级与中国宏观经济以及相关产业升级之间的问题显得尤为重要。

3.4.1.2 数字经济发展与网络消费中的产业组织与市场垄断

首先，网络消费存在一定过度集中问题，传统行业网络消费的壁垒依然难以解除，如当前网络消费主要集中在服务行业，其他行业网络消费的扩散及延展不够，存在明显的行业结构失衡现象。其次，由于数字经济打破了传统市场的地理和空间边界，企业营销渠道被大大拉伸，提升市场竞争力的同时，也容易造成垄断的加剧；加之消费者对互联网的过度依赖，会造成一定的市场结构失衡，不利于新产品、新技术的涌现。

3.4.1.3 网络消费的基础设施与基本服务的配套体系不健全问题

目前，制约数字经济环境下居民消费的基础设施与基本服务的配套体系不健全问题主要包括物流系统升级、网络消费信贷金融服务、网络消费者权益保障及网络消费信息安全等方面。

（1）网络消费物流系统有待加强与健全

网络消费的基础除了互联网技术、网上交易平台等，不可或缺的还有物流系统，这一物流系统是连接网络消费市场买方和卖方的线下实体运营机构。没有物流系统的配合，就不会有现今发达的网络消费市场。但随着网络消费对量和质要求的提高，物流系统的升级是大势所趋。网络消费以不断扩大的消费量对物流系统的吞吐量提出新的更高的要求，例如现今每年的"双11""6.18"等网络交易平台的购物狂欢节，不断地刷新网络销售记录，这样大的网络消费量要求更加快捷的物流系统来支撑其进一步发展。同时，消费者对消费品质的要求，不仅在生产端督促生产者注重消费品的质量，而且在流通过程中推动物流系统结构变革，探索新的更加快捷、安全、保质、保量的物流运作方式，实现物流系统的全面升级。

（2）网络消费的信贷金融服务的缺陷

随着网络消费的快速发展，消费者在不断购买网络商品的同时，市场也推出新的购买方式，以提供消费信贷金融服务等消费者所需的商品。这种购买方式的创新使得消费者的购买欲望更多地被激发出来，促进消费者网上购买的意愿。但层出不穷的网络信贷平台的出现，使得消费者面临信息不对称的风险，消费者难以判断其平台的合法性、合规性，只能盲目地进行消费借贷，进而出现了一系列的"校园贷""裸贷"等违法违规的网络消费信贷行为，使得消费者遭受金钱和精神的损失。

（3）网络消费者权益保障体系的不足

这一网络消费问题在现今不断增长的网络消费中尤为突出，消费者不再像原来一样只关注价格的单一消费理念，而是同时追求价格和质量以及商品体验的感受，因此网络消费商品的售后问题和产品质量问题受到消费者的广泛关注。因为网络销售平台上消费商品的高度重叠性和信息不对称性，消费者难以判断消费商品的质量问题，即使有些消费者通过网络口碑或者网络评价进行购买，也很难购买到自身满意的商品，同时因为卖家的不诚信操作（一旦发现差评，就通过恳求或金钱补贴等方式要求买家撤回其差评），消费者面临很强的消费商品信息不对称风险，自身的消费权益难以保障。

（4）网络消费者的信息安全保护的有限性问题

网络消费是建立在互联网技术和网上交易平台基础上的经济活动，消费者通过注册一些基本信息才能在网络上进行交易。在这一过程中，消费者遵循法律法规提供个人信息，但正是由于这些个人信息的注册，一些不法商贩或者网络黑客，利用自身的资源或技术，对消费者信息进行售卖或者窃取，使得一些违法者（网络诈骗团伙）利用消费者信息进行网络诈骗，给消费者带来金钱或者名誉的损失，造成其生活的困扰。同时，一些互联网平台的技术或者监管不到位，使得网络诈骗者有能力通过其自身伪造的身份进入其平台，对其真实网络用户进行网络诈骗，造成用户在经济上和精神上的损失。

3.4.1.4　城乡居民网络消费差距以及城乡基础设施差距问题

通过观察网络消费发现，造成城乡居民网络消费差距的主要原因是城乡居民收入的明显差异以及城乡网购基础设施、配套设施的明显差距，其中，城乡网购基础设施、配套设施中的电商基础设施、电商人才、网络消费观念等方面差异较为突出。

其一是相较于城市来说薄弱的农村物流体系基础。相较于城市完备的物流体系，包括电子商务网站、物流企业、物流基础设施以及快递服务，农村的物流体系基础十分不足，不能有效满足农村居民网络消费需求，制约城乡协调发展。其二是农村电商人才的缺乏。农村因其电商环境的恶劣以及优越的城市电商环境的影响导致电商人才的极度缺乏，没有电商人才也就没有农村电商发展的推动器，不能进行很好的农村电商服务，制约了农村居民网络消费发展。其三是农村居民的网络消费观念落后。相较城市居民超前的消费观念与通畅的信息传达，农村居民受到传统观念的影响以及处于相对闭塞的信息环境，使得其难以接受全新的网络消费观念，消费观念的难以变革也在一定程度上造成城乡居民网络消费的差异。

3.4.2 微观消费者问题

3.4.2.1 消费者的收入制约问题

网络购物是新时期消费者的购物首选，是适应现今快节奏生活的一种消费模式。但其还是属于消费范畴，就必定受到消费的决定因素收入的影响，网络时代下，除了传统行业的消费者外，网络创业就业人数以及规模的增加，为大多数居民找到了新的收入来源，但网络时代下对于规范网络就业创业的政策支持和法律法规保障尤显不足，大多数网络就业创业者不能有效分享网络时代带来的利好，同时，网络就业创业者反过来也是网络购物的消费者，不能很好创收自然不能很好贡献消费能力，这种收入与消费的不匹配、不协调在网络时代应该受到更多地重视。随着互联网普及率的增加，社会消费品零售总额即消费规模在不断上升，但其上升趋势比互联网普及率低，主要还是因为互联网只是一种促进消费的技术方式和平台环境，作为消费主要动力来源的人均可支配收入以及社会保障支出等才是决定数字经济环境下中国城乡居民消费增长与升级优化的关键因素。

3.4.2.2 消费者收入分配的不平等对于网络消费的制约

此外，现今存在的消费者收入分配不平等、收入差距扩大以及不同地区、城乡收入差距等问题同样在收入层面制约着网络消费升级的实现。同时，居民的一些刚性支出的增加，比如住房、医疗、教育、养老等，严重挤占一大部分居民的整体收入，其中一部分人因为买房而积攒收入限制自身的消费水平和消费结构，一部分人家中有病人，需要留有大量的资金用于治疗，一部分人将收入投入子女的教育和长辈的养老上，这些都使得居民仅仅停留在生存型消费层面，严重阻碍了居民消费升级。

3.4.2.3 消费者过度负债问题对于居民网络消费的抑制

除了上述消费者收入层面的问题，在居民负债层面面临着同样严峻的问题，即居民消费负债率过高，这种负债率不仅体现在实体资产（房价、存款等），还体现在虚拟资产（消费贷款、信用卡贷款、虚拟金融资产等）。在现今，随着居民负债增多，居民硬消费约束越来越受到限制，居民压在房子上的资产以及欠银行的资产越来越多，反而是居民的储蓄热情不高，过度负债在一定程度上是居民的消费过高而储蓄低所形成的，本来这种情况是有利于居民消费的，但是各种社会保障不足、可支配收入的上升趋缓、物价水平上升快、再加上房价的过度攀升等原因造成可供居民用于除房子以外的消费金额越来越少，消费者过度负债问题加剧，在一定程度上抑制了居民的网络消费。

3.4.2.4 消费者风险认知及不确定性问题

由于数字经济及网络消费本身存在的不确定性与风险问题尚未解决，居民对消费风险及消费发展趋势还缺乏理性的认知，网络消费中的信息问题、透支等金融服务问题、奢靡及不健康消费风气会对数字经济与网络消费的良性发展带来隐患与风险。

3.5 本章小结

本章基于数字经济发展背景，采集居民消费结构及其变迁的时间序列数据，首先阐释数字经济和居民消费的基本情况，包括电子商务规模发展、消费支出、消费结构等；其次从现状中挖掘数字经济环境下中国居民消费变迁的特征，包括数字消费基础设施建设、新消费潜力挖掘、新生力量线上消费潜力及跨境电商等方面，同时获取居民消费的原始数据，应用统计性描述分析方法、典型相关分析、协整检验和格兰杰因果关系检验方法等，分析生存型消费、享受型消费和发展型消费等动态变迁趋势，在宏观层面实证检验传统要素和数字经济发展对于居民消费实现过程的影响。研究认为，1990 年至 2019 年，居民消费由生存型消费向享受型、发展型消费调整的趋势明显；居民结构变迁不仅依赖于居民可支配收入、人口结构等传统要素，而且与信息产业增长等数字经济发展水平具有显著相关性。经格兰杰因果关系检验可知，数字经济基础产业即信息通信产业增加值是居民消费结构变迁的原因。可见，中国消费者消费形态，正从满足衣食住行等基本需求向更高需求升级，消费结构升级所带来的教育升级、旅游升级、家装转型等方面的非必需品的消费扩张将为消费金融产品带来广阔市场空间。

其次，本章基于数字经济发展的现实，概括并分析了数字经济环境下影响居民消费过程及消费升级与优化的基本因素，主要包括网络基础设施和数字经济环境下国民经济综合影响因素两个方面。分析认为，网络基础设施包括互联网基础设施建设水平、互联网普及率、互联网应用和成效等。数字经济环境下国民经济综合影响的主要因素包括国民经济发展总体水平、产业发展水平和产业结构状况、个人及家庭收入水平、消费环境、人口数量及结构、房价水平以及经济政策和利率政策等。

最后，进一步深入研究，分别在宏观层面的经济与产业、城乡差距以及网络及其相应服务的配套，微观层面消费者的收入与负债等方面发现数字经济环境下中国居民网络消费升级与优化中存在的问题，为下文总体分析提供了基础。

4 数字经济环境下中国居民消费实现效应的理论分析

基于相关理论基础和数字经济环境下的居民消费现状，本章对数字经济环境下中国居民消费实现效应进行理论分析。首先，从总体上分析了数字经济环境下中国居民消费的实现效应，主要是指基础设施优化和控制降低消费行为的消费成本刺激消费决策与行为的过程；其次，由于数字经济一方面从降低消费成本等方面影响消费者的消费行为，其对居民消费具有微观上的效应，另一方面数字经济也会优化基础设施建设、影响公共支出等，而这些效应往往在宏观上出现。因此，本章一方面从微观个体层面探讨居民网络消费的实现，主要指网络等数字经济技术与条件对消费个体性行为的影响，也就是说，数字经济环境通过改变消费习惯而驱动了居民的消费效应及消费过程；另一方面从宏观层面研究了网络如何影响宏观政策及外部支持环境来影响居民消费，包括网络对公共支出及居民消费的间接引致、外部消费环境间接支持效应。本章将沿着总体—微观—宏观的脉络，从理论上分析数字经济环境下中国居民消费实现效应，见图4-1。

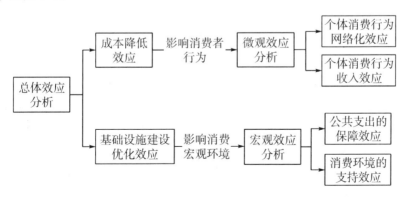

图4-1　数字经济环境下中国居民消费实现效应的理论分析框架

4.1　数字经济环境下中国居民消费实现效应的总体分析

在数字经济环境下，不同于传统的消费方式，在居民消费过程及其升级优化中，商品销售价格和消费者实现消费的成本均有所降低，促进了许多小微企业、"网商"的出现，同时居民的经营性收入和财产性收入也取得一定的增长，"收入效应"显著。因此，数字经济环境下，消费者在既定收入水平下的消费倾向提高了，进而促进了居民消费水平的增长，也不同程度地促进了居民消费结构的优化和升级①。

数字经济环境下，消费实现的外部物质技术条件与基础设施得到了改善，减少了消费环节，降低了消费实现的成本，降低了零售终端的价格，降低了消费过程的信息搜寻成本，解决了生产消费双方的信息不对称问题，实现了多领域、多时空的无边界消费，实现了消费者的多样化消费，同时网络金融体系又对居民消费提供了全面系统的支撑效应，因此，数字经济环境刺激了消费数量的增加，创新了商品与服务的流通模式，提供了系统性的消费便利与优惠，紧密地衔接了供求双方的生产消费关系，有力地促进了居民消费的增长、升级与整体性、系统性优化。

数字经济有效的适应性动态运作及柔性组织模式使得销售价格和信息搜寻成本进一步降低，消费成本的降低突破了传统西方经济学中边际效益递减的限制，清除抑制消费过程中的各种障碍，使得消费需求升级，实现产品和服务的创新与优化。

数字经济所包含的不仅仅是各个生产消费的经济行为主体，还有这些主体之间相互联系的经济链。在现实中，这些经济链可以是同行业的，也可以是不同行业的。这种网络以及在此之上建构的数字经济的整体生产消费关系框架，构成了新的生产力条件下的消费升级的网状逻辑，生产与消费不再是原来单纯推式的消费以及生产过程，而是一种消费与生产并行，及时沟通与链接，能有效提高消费与生产的全过程的效率和价值，有效地整合消费者信息，进行消费链与供应链相连，提升效率、质量和价值的新的消费、生产方式的体现。这种"网"的存在使得整个消费过程优化便捷、快速增长、适应变化，在一定程度上促进消费升级。

---

① 王鹏飞. 数字经济对中国居民消费的促进作用研究 [D]. 北京：中共中央党校，2014.

因此，总体上，数字经济环境下居民消费实现过程的总体分析在于成本降低效应和基础设施优化效应。居民聚集地到商圈的距离、人力、时间等成本所形成等交易费用、信息搜寻成本、过多冗余的中间环节等都会对商圈的繁荣程度产生一定的影响；基础设施优化和消费实现成本也是影响中国居民消费行为的重要因素。

4.1.1 成本降低效应

4.1.1.1 交易费用降低效应

传统的消费模式会过度消耗人们的购物时间和成本，所产生的交易成本直接影响居民的消费。而数字经济与网络消费的发展创造了网络的购物交易平台，打破了存在的交易费用壁垒。

第一，物流产业经历萌芽阶段迈向专业化、系统化发展阶段，数字经济的覆盖范围越来越大，网络购物的邮递链几乎覆盖全国的城市乡村。很多卖家通过包邮以及运费险的设置来提高自身的市场竞争力，这使得物流运输成本大幅度降低，与此同时，数字经济的发展使得居民通过手机端或者电脑端购物变为现实，为调货、退货提供了便利，大大降低了由于购物需求产生的出行成本；第二，数字经济在逐步推动居民购物方式的转变，网络购物交易量稳步上升，这同时节省了实体店相关租赁费用和必要的仓储费用，从而在降低产品成本的同时使得卖家的利润提升；第三，网络支付的便捷性对交易费用的降低产生了积极作用。互联网金融使得微信、支付宝、云闪付等第三方支付平台以及网上银行支付的便捷性更加突出，消费者在消费过程中无现金交易的支付体验提高了，同时减少了纸币兑换、找零等成本，也减少了消费者遭遇诸如假币、偷窃等行为。

4.1.1.2 信息搜寻成本降低效应

数字经济不会受到时间以及地点的约束限制，卖家可以随时随地在网上店铺更新产品信息以及营销活动信息，买家也可以随时随地通过手机、电脑等互联网终端设备随时随地检索到产品的信息，能够很容易获取到产品相关替代品的全方位信息，进而通过货比三家，在满足自身购物需求的同时找到物美价廉的高性价比产品，这使得购物所消耗的人力、时间等交易费用得到有效控制，同时对信息搜寻成本的降低产生了积极作用，从而提升了居民的消费满意度。

4.1.1.3 中间成本降低效应

商品的价格影响着消费者的购买决策，一般情况下，购买同质化产品时，消费者会考虑选择价格较低的商品，而在选择类似产品时，消费者通常会通过搜索到的相关产品信息，货比三家选择物美价廉的高性价比商品，这就从侧面反映出：对于商家来说，较低的商品价格可以形成一定的市场竞争优势。

数字经济的发展从各个方面促进产品形成价格优势，有效刺激消费者的购买行为。一方面，数字经济的发展为卖家降低了实体店的租赁成本、雇佣销售员成本、广告营销成本等必要的相关费用，这使得产品具有一定的成本优势；另一方面，数字经济减少了传统的各层级零售商的交易环节，生产商和零售商可以直接联系沟通，省去了必要的广告营销费用，同时互联网消费构建了买卖双方直接交易的平台，降低了人力、时间等成本。

总体来讲，相对于传统消费过程与模式，数字经济环境下的消费模式，降低了商品的生产销售价格以及消费者实现最终消费的实际物质成本。促进消费增加的"收入效应"与消费品结构优化效应①，一定程度上促进了居民消费的总体数量增长和结构优化。

4.1.2 基础设施优化效应

传统消费基础设施主要是物流、商贸流通等，依赖于实体的基础设施建设，而随着网络环境的发展，数字经济环境为消费升级优化了相关基础设施建设，如原先由于地理位置偏远无法消费的群体可以借助网络平台购买。

在数字经济发展支持下，2019年工业和信息化部等相关部门印发《工业和信息化部 国资委关于开展深入推进宽带网络提速降费支撑经济高质量发展2019专项行动的通知》，"提速降费"政策进一步落地。与五年前相比，在网络提速方面，固定和移动宽带平均下载速率提升了6倍多；在网络降费方面，固定网络和手机上网流量资费水平降幅均超过了90%；在网络流量方面，用户月均使用移动流量达到7.2GB，为全球平均水平的1.2倍。与此同时，上半年，固定互联网宽带接入用户持续向高速率迁移，百兆以上宽带用户占比稳步提升，固定互联网宽带接入用户总数达4.35亿户，上半年净增2737万户；受物联网业务高速增长、基站需求持续增大的影响，移动通信基站总数达732万个，其中4G基站总数为445万个，占比为60.8%。这些都为居民消费尤其是网络消费提供了基础设施支撑。

---

① 王鹏飞. 数字经济对中国居民消费的促进作用研究 [D]. 北京：中共中央党校，2014.

4.2　数字经济环境下中国居民消费实现效应的微观分析

数字经济中出现的各种电子商务平台、支付平台、交流平台等都逐渐渗入人们的日常生活中，改变着人们的日常消费模式和社交模式，这些都在一定程度上推动消费者消费习惯的变化，进而引起消费升级优化。比如，微博、微信等社交平台衍生出了微商，不仅作为一种社交工具深入人们生活，也可以在此之中进行商品的买卖与推荐；淘宝网、京东、唯品会等电商平台和支付宝等电子支付平台已广泛被消费者接受，网络消费行为变得更加快捷。消费心理学中消费的棘轮效应和示范效应理论，可以全面分析数字经济环境下居民消费的行为与消费效应。

结合上述，数字经济环境所带来消费习惯的新变化以及消费的升级优化的直接效应，通常表现在消费者的消费行为模式、消费决策、消费心理以及消费理念等的变迁之中。

4.2.1　个体消费行为的网络化效应

数字经济条件下中国居民消费更加追求消费的品质和价值，逐步便利化的消费渠道不仅实现了线上线下的无缝衔接，而且直接地改变了消费者的消费习惯和消费行为。

4.2.1.1　消费行为的网络化

从消费行为模式来看，现今的互联网存在形式改变了消费者消费的行为模式，进而影响消费需求的增长，促进消费规模水平升级以及消费结构的优化变化[①]。

传统消费行为模式存在严重的信息不对称，不利于消费的增长。同时受制于生产者生产种类的局限，消费者只能消费生产者所生产出来的商品，该市场处于卖方市场，消费者的消费行为主要是受生产者操纵，不会对商品的价格、种类等提出自己的要求，只是跟随生产者生产的步伐进行选择、消费商品，这使得消费者的自主消费意识没有被发挥出来，只是对一些生活必需品以及能获得信息的商品进行消费。也因为获得信息的渠道很少且有限，所以商品的种

---

① 王斌，聂元昆. 移动互联网环境下的消费者行为模式探析 [J]. 电子商务，2015 (8)：42-44.

类、好坏等也受到很大的影响，由此使得传统市场下的消费大多是必需品以及邻近地区的消费，消费者对消费的种类、好坏要求也不高。

数字经济环境下居民消费的变化的主要是消费信息获得渠道的多样化、消费者信息的互动化以及消费渠道的线上或线下化，购物体验及网上与网友分享等环节使消费者改变着消费行为模式。这种行为模式因网络存在，而加入搜索与分享机理，激发消费者主动去搜索、消费，促进消费者社会身份提高以及商品的口碑增加。也因为网络的存在，使得消费者获得的信息增加，不管是多种类商品的信息，还是同种类商品的购买者体验，都会使得消费者获得信息的同时增加其对商品的消费，因为获得信息量的增加，对商品消费的增加也呈现出极大的增长，这阶段是消费者疯狂消费的时段，各种不同的信息使消费者可能都无法甄别是否好坏、正确与否，就直接产生消费行为，促进消费总量上涨。再加上网络突破地理的限制，使得天南海北的东西都出现在人们邻近的地方，人们消费欲望被激发。同时，因网络存在，生产者生产更加便捷，面对不同的消费者，多种类、多层次的商品出现，消费结构也发生变化。电子商务由1.0发展到2.0，解决了消费者的支付信用等相关问题，大幅降低了资金的交易成本，又进一步促进消费的增长与发展。

移动互联网环境下的消费者行为不同于传统互联网，消费者不用再使用笨重的电脑而能直接用手机等便利的移动设备进行商品购买。消费者的消费特点主要有以下几点：第一，随时随地，消费者只要想要消费，可以随时随地拿出手机，连上网络，直接进行物品的购买，跨越了空间、时间的限制；第二，及时的关注，消费者对于商品的价格、优惠、好评等信息的敏感度增强，一旦商品有上新货或者促销等，消费者能及时地进行关注并购买；第三，互动性，基于上述随时随地的关注，消费者一旦找到想要买的商品就可以随时随地通过网络与商家进行互动，获得想要的信息；第四，模拟体验消费，如果消费者找到想要买的物品，但因为物品没有亲自体验过而不能确定是否购买，可以直接采用手机定位搜索线下店铺，进店进行体验消费；第五，线上支付，线下消费，线上支付方式的快捷和线下体验消费的乐趣同时结合，使得消费者的消费经历更加满足，促使更多的消费产生。数字经济环境下的消费模式，消费者更加占据主导地位，对商品的要求更高，需要符合消费者需要的各种定制化商品出现，同时消费者也更加看重商品的口碑以及体验的快乐。同时，这种消费模式更易产生长尾需求，不仅是自己消费，也促使更多的人进行消费，增加消费的总量。从另一个角度讲，消费者也更加看重消费品的质量，想要获得更加满足的体验式消费，也是数字经济环境下消费结构升级的一种表现。

数字经济环境下居民消费行为的示范性、周期性与跨期性。互联网技术及大数据技术的进步提高了信息之间传递的便捷性，更强化了居民消费的示范效应。跨期消费和超前消费正催生着网络消费的新理念，居民新的消费行为、习惯正在养成，消费决策更加理性，消费习惯形成的周期明显更短。

这种互联网对消费者行为模式具体的影响，是一种通过商品渠道增多以及商品种类和差异性增强所导致的消费者习惯的变化，进而提升商品质量，从而实现消费者的消费质量升级的目标。主要是互联网下商品渠道增多以及商品种类和差异性增强引起的消费者习惯——棘轮效应以及示范效应起作用。这种情况下所造成的个性化、多样化、无边界化的全新的消费商品及行为模式，使得消费者的棘轮效应会发生转移，不再追求一种不变的消费行为模式，而是随着商品种类和差异性的不断增强而改变自己的消费行为模式，总的来说就是消费者的棘轮效应被抑制。但与此同时，消费者的示范效应在不断增强，通过网络平台的推广与分享，越来越多的人被"安利"，这种行为模式的普遍性以及可接受性使得消费示范效应不断得到加强，从而在一定程度上会超过消费棘轮效应，改变消费习惯，使得消费者消费的商品质量提升，进而达到消费升级目标。

数字经济推动了居民消费习惯的形成，消费行为变迁影响消费结构发展变迁，并推动消费结构升级的微观效应。数字经济条件下城乡居民消费更加追求消费的品质和价值，逐步便利化的消费渠道不仅实现了线上线下的无缝衔接，更直接改变了消费者的消费习惯和消费行为。

4.2.1.2 消费理念的网络化

从消费理念上看，网络改变了传统的甚至现代的消费观念，从消费观念的改变上促进网络消费总量和消费品质的升级优化。

传统的消费观念更偏向于一种实用性、节俭式的消费，从古代的"黜奢崇俭"消费思想就可以看出。其不仅是要求百姓保持一种节俭的生活消费方式，连君王也被要求做一典范，节俭消费。这种消费方式一直是古代消费思想的主线，统领着中国古代几千年，在这种思想下，百姓消费既少又品质不高。新中国成立后，消费也是以限制下的全民节俭消费为主，统购统销也不允许个人过多地消费，至于消费结构方面则沿袭与身份相匹配式的古代消费方式，对消费有诸多的限制。

现代的消费观念不同于传统的消费观念，有了一定的变化，人们追求一种"暴发户"式的消费，消费总量迅速增长，但也出现消费品质不高等问题。消费升级更多体现在量上，质上可以说很少。

新时期网络条件下的消费更像是一种线上线下相结合的体验式、平台式、互动式的消费。例如，在电子商务平台，每天都在上演着不同产品的介绍、推荐以及试用体验，消费者不仅可以在网上在线看到这些产品体验信息，还可以自己找到最近的商铺进行体验消费，扩大了消费者的产品接受空间，也在一定程度上促进消费者消费。同时，互联网金融出现，花呗、京东白条等各类消费性贷款的存在也使得"明日的钱今天花"变为一种普遍现象。相当一部分人成为月光族，甚至是啃老族，有些人不是因为自身不去赚钱，而是因为赚的没有花的多，消费者的消费理念产生了巨大的变化。消费观念变化的同时也引起消费总量、消费品质的升级。

4.2.2　个体消费行为的收入效应

从数字经济对收入增加来看，主要可分为：收入效应、财富效应和分配效应。

4.2.2.1　收入效应

收入效应主要指的是数字经济对居民工资性收入的增加而增加消费，驱动消费升级与优化的作用。从数字经济所带来的网络外部性理论、平台经济学、电子商务经济学、共享经济学等理论与学科的创新与发展中，能明显看出数字经济所带来的消费、生产环境和产业结构的变化对于提高劳动生产率以及增加新的产业就业人数和工资的影响作用。同时，数字经济所特有的各种特征的体现，也为上述影响提供理论基础和助力。在网络外部性理论中，不仅体现着网络对于自身的整体效用的增加，同时又利用正外部性的特征反哺其他人，以期达到整个社会居民消费效用的增加。此外，随着数字经济的进一步发展演变，平台经济学、电子商务经济学、共享经济学等学科在网络时代焕发出新的生机，不仅使得生产者获得生产利益最大化，而且出现了一系列消费商、主动创新创业者，极大地扩展了居民工资性收入的获得渠道。

目前现实中，居民不再是简单的一种职业者，大多数兼任着日常工作和网上工作，获得双份的工资收入，有的居民尝到了数字经济所带来的平台好处之后，甚至放弃原来的收入较低的工作，转而经营收入较高的网络平台工作，由此带来了居民工资性收入的极大增加。同时，数字经济所衍生、孵化的各种平台也增加了大量的就业机会，相应网络技术和管理人才的需求增加，促使了一大群人投入到网络技术的建设中，也为居民工资性收入的增加提供了基础。因此，按照传统消费函数理论看，居民收入的增加必然导致居民消费的增加，这种数量上的增加也为消费升级提供了基础。

从收入效应入手的消费函数，以基本凯恩斯消费函数模型作为基础，以居民的工资性收入作为居民消费的决定因素，假设的居民消费函数表示为式（4-1）：

$$C = \alpha + \beta Y_d \tag{4-1}$$

该式中，α 为自发性消费支出，β 为边际消费倾向，Y_d 为居民可支配收入，C 为居民消费支出。在收入效应影响下，居民工资性收入（Y_w）会对居民可支配收入（Y_d）产生影响，在数字经济促进下居民工资性收入的增加进而影响居民可支配收入的增加，保持 α 和 β 不变，居民消费增加。数字经济以间接影响消费决定因素收入的效应来影响居民消费支出。这类增加主要是消费水平的增加，不包括消费结构的变化。

4.2.2.2 财富效应

财富效应主要指居民财产性收入也就是随着财富增加而增加消费，进而促进消费升级优化的驱动作用。

数字经济环境下，财富效应与收入效应一样，都是围绕着数字经济所产生的各种平台而出现的。一些居民由原来的线下闭塞的消费转到网络平台上开放、透明的消费之后，一些原来看似被低估的商品迎来了新的销售热点，同时随着消费商的出现，消费与生产的统一性越来越发挥作用，居民财富确实在不断增加，刘国风等（2011）从 2001—2009 年中国居民消费财富增加的测算中，得出这 9 年间居民财富从 341 363.16 亿元增长到 1 436 000.94 亿元，年均增速 19.7%，略高于同期 GDP 的年均 15% 的增速[①]。这种快速增加的居民财富一定程度上也归因于数字经济所带来的巨大发展前景。尤其是阿里巴巴、京东等电商平台的出现，使得一大群居民摆脱了原来房租、运输等成本，真正享受到网络所带来的好处。这促使一大部分消费商的出现，同时增加了他们的财富。

此外，基于王平（2018）城镇化研究中，城镇化对居民消费的影响较大[②]，加之数字经济的大背景，数字经济的发展为居民带来更便捷的财富管理手段，城市居民的感受最深，投资的便捷化使得财富增加效应更加明显。此外，网络对于居民投资观念的影响也很大，从城镇居民财富的集中地——房地

---

① 刘国风，房琬欣. 2001—2009 年中国居民财富的估算与统计分析 [J]. 中央财经大学学报，2011（5）：50-54，65.

② 王平. 新型城镇化驱动居民消费的效应研究 [D]. 西安：陕西师范大学，2018.

产和证券来看，数字经济的快速发展使得城镇居民出租房屋更加快捷，一定程度上增加了城镇居民的租金收入，带来居民财富的增加，由此有效地促进居民消费的增加。

从财富效应入手的消费函数，以莫迪利安尼生命周期假说作为基础，以居民财富性收入作为居民消费的决定因素，假设的居民消费函数为式（4-2）：

$$MaxE_0 \sum_{t=0}^{\infty} \left(\frac{1}{1+\rho}\right)^t u(C_t) \tag{4-2}$$

实现效用最大化条件表示为式（4-3）：

$$A_{t+1} = (A_t + L_t - C_t)(1 + R_t) \tag{4-3}$$

$C_t \geqslant 0$，推导得出：

$$C_t = \frac{R}{1+R}A_t + \frac{R}{1+R} \sum_{t=0}^{\infty} \left(\frac{1}{1+R}\right)^i E_t L_{t+i} \tag{4-4}$$

该式中，消费由两部分组成并决定，即第一部分的财富决定和第二部分的信息及未来收入预期决定。在第二部分预期不变的情况下，能够影响居民消费的就只剩下第一部分的财富效应，即通过居民财富的多少对居民资产存量产生影响进而对居民消费产生影响。在数字经济下，通过对居民财富的增加来间接影响居民消费增加，该增加可以仅限于消费水平的升级增加，也可能包括消费结构的优化与变化。

4.2.2.3　分配效应

分配效应主要指数字经济所带来的居民收入分配更加均衡、资源分配更加公平而使整体社会消费倾向增加，促进网络消费升级优化的驱动作用。

数字经济的高渗透性、自我膨胀性、外部经济性等特征使得网络给人们生活带来了更多的共享资源、均衡分配的平台。比如共享经济学所特有的对于人们闲置资源的再利用，这种闲置资源的分配不像传统意义上的所有权分配，更多的是使用权的再利用与分配，使得每个人都能享受各种资源，不受到自身收入低的影响，这种享受所付出的成本低，但效用十分可观，对于提升整体社会消费倾向有重要作用。同时，电子商务平台的出现使得商品价格降低的同时满足更多人的消费需求，在一定程度上提升整体社会消费倾向。此外，网络所带来的智能手机的普遍应用，使得低收入群体在整个社会收入分配中越来越获得生存空间，劳动收入在收入分配中的地位也有所提升。低收入群体通过智能手机的社交功能、招聘平台等发现更多的就业机会，在一定程度上能提升他们的收入，缩小收入差距，进而使整体社会消费倾向增加，不断促进消费升级。

从分配效应入手的消费函数，借鉴王平（2018）的研究①，以影响收入差距的初次分配阶段作为基础进行推理：

初次分配阶段，主要指要素贡献的分配，以劳动力和资本作为生产要素，则收入分配为工资收入和利息收入。在传统凯恩斯消费函数 $C = \alpha + \beta Y_d$ 的基础上，进一步将消费函数拓展为

$$C = \alpha + \beta_L Y_L + \beta_P Y_P \qquad (4-5)$$

该公式中，β_L 为工资收入的边际消费倾向，β_P 为利息收入的边际消费倾向，一般情况下，工资收入的边际消费倾向要大于利息收入的边际消费倾向，这是合理的现象，但在现实生活中，存在工资收入占比小于利息收入占比的现象。因此，利用数字经济缩小收入差距、平衡工资收入和利息收入的功能，在增加劳动收入 Y_w 占比的情况下降低利息收入 Y_p 的占比，如以 $A(A > 0)$ 表示从利息收入向劳动收入的转变，公式变换为式（4-6）：

$$C^t = \alpha + \beta_W (Y_W + A) + \beta_P (Y_P - A) \qquad (4-6)$$

其中，因为 $\beta_W > \beta_P$，所以存在 $C^t > C$，即存在分配效应。

不管是什么时期的消费研究，都注重收入对消费的绝对影响作用，甚至在之前的西方经济学的消费研究中，一直都是把收入当作消费的唯一因素进行分析，之后才慢慢在收入基础上加入消费者心理等影响，但影响居民消费的基础一直都是收入因素。收入可以说是影响居民消费的核心要素，其中工资性收入和财产性收入等构成了收入的来源。数字经济不仅直接对消费者行为方面产生重要影响，同时也间接通过对收入的工资性收入和财产性收入的增加过程而驱动消费升级。此外，数字经济对于低收入者和高收入者的资源分配以及资源共享等也搭建了新的平台，对于有效增加居民整体的消费倾向有着重要作用。同时，数字经济促进生产者降低商品价格，使得每个人都能共享数字经济的成果，为消除社会不公、缩小收入差距、改善社会民生做了重大贡献。

4.3　数字经济环境下中国居民消费实现效应的宏观分析

4.3.1　公共支出的保障效应

数字经济发展及网络技术的使用使得政府的公共支出政策囊括了更多的人

---

① 王平. 新型城镇化驱动居民消费的效应研究［D］. 西安：陕西师范大学，2018.

群，比较之前没有网络存在的政府公共支出，这一网络技术的存在使各级政府的公共支出更加透明化，为更多的人所接受，涉及更多人的利益。同时，网络的无限扩展性和多数人参与性使得政府公共支出能采集到更多人的意愿，为更多人提供促进自身收入增加或者需求的公共支出政策，从这一方面来看促进居民消费的增加，也为消费结构的变化提供更多的生产结构的公共支出支持。公共支出对消费的效应也包括挤入效应和挤出效应，就像投资对消费的效应一样，除了对收入的提高进而对消费的增加，还有一些消费性支出等使得居民消费欲望减少，降低居民消费，在这里只考虑公共支出对居民消费的挤入效应。该挤入效应主要是由于投资性支出引起的居民收入增加或者转移性支出形成的居民消费预期上升所造成的。具体而言，这种挤入效应主要可分为收入增加的保障效应和消费倾向增加的引致效应①。

该挤入效应在网络时代的边界更加扩展，涉及的、关注的、有联系的、有反映的群体越来越多，使得效应结果越来越明显、可靠，更多居民的消费会受到政府公共支出包括社会保障支出等的支持影响，以更强的意愿、更多的形式进行消费活动，从而增加居民消费需求和能力，使得消费升级成为可能。同时，结合网络时代特有的边际效用递增、正外部性等特征，挤入效应所能发挥的效用层次也趋向于加深，使得通过网络这一环境变化，政府公共支出对消费的积极影响更加显著，由此在一定程度上推动消费升级与优化。

4.3.1.1　保障效应

保障效应主要指的是网络消费环境下公共支出中的转移性支出（包括社会保障支出等）对于居民收入的增加的积极作用进而影响居民消费，驱动居民消费升级的实现。同时，社会保障水平的提升，影响居民消费的边际倾向，使得居民资产用于消费和储蓄的比例有所变化，消费比重增加，带来居民的消费升级。数字经济环境下，这种机理更加便捷、快速，使得居民的消费倾向和预期都发生了变化，促使居民增加消费需求和欲望。

4.3.1.2　引致效应

引致效应主要指的是网络消费环境下公共支出中的投资性支出（包括各种基础设施投资支出等）影响居民消费倾向和行为进行促进居民消费的发生。这种引致效应随着网络消费环境的变化，公共支出投入各种互联网基础设施以及相关的各种产业建设中去，加快互联网整体消费的趋势，促使消费在数字经济环境下实现最大化，形成建立在更新、更快的互联网基础设施及产业上的消

---

① 王平. 新型城镇化驱动居民消费的效应研究 [D]. 西安：陕西师范大学，2018.

费与生产的最优的配合，更多地挖掘和发现消费者的需求和欲望，提高消费者的消费倾向，降低各种消费实现条件和成本，创造无可比拟的消费升级，促进经济持续高质量增长。

目前，数字经济环境对消费升级优化的影响就集中在消费端的消费习惯和供给端的生产结构上，也正是印证了消费和生产的统一性原理。同时，在这一影响过程中，发现三大工具的显著作用，包括电子商务平台、电子支付平台和物流业，如图4-2所示。

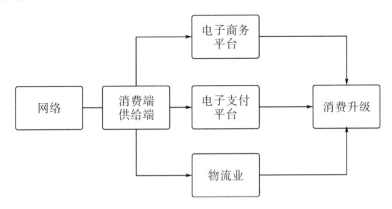

图4-2 数字经济环境下个体消费的实现效应

第一，电子商务平台。电子商务平台不仅在消费端的消费环境以及消费行为模式方面起到促进消费总量和消费结构升级的作用，而且在供给端的沟通消费者和生产者以及商业经营模式方面促进消费者和生产者的有效沟通，从而增强消费升级实现的可能性。第二，电子支付平台。资金快速、便捷地流动同样带给消费端和供给端快速匹配和流动，促进消费升级目标的实现。第三，物流业。物流从消费环境以及供给环境入手，加快商品的流通速度，配合电子商务类商品生产与流通的渠道，进一步地配合商品的生产与流通，使得小规模、定制化、差异化、品质化的消费者需求得以满足，从而实现消费升级目标。

4.3.2 消费环境的支持效应

从消费环境来看网络技术、数据技术的广泛应用促使了各种电子商务平台的出现，产生网上购物的消费新方式，与此同时相配套的物流业、电子支付等的快速发展也为电子商务平台在全国乃至全球消费市场的开拓打下了基础，为消费的快速实现提供了可能，使得消费与生产更加的相互结合和结合快速化。两者配合共同促进消费总量的快速增长以及消费结构的升级优化。

4.3.2.1　数字经济对生产方式的改变

数字经济中所具有的强大的外部性特征为传统的生产结构提供了新的商业运作模式和新的销售模式和物流模式，在此基础上形成新的产业组织形式和产业布局，使得生产企业的生产经营更快地适应现行多变、快节奏的产品生产周期，同时依据数字经济条件下的大数据收集和智能设备使用，生产厂商更多地、更灵活地输入自身所有的产品和价值，在多渠道销售的同时输入自身的价值观，引导消费者变为用户，持续进行消费，扩大消费的闭环，生产企业也更多地使用网络检验自身新产品的接受度，收集数据分析并决定是否生产此种新产品，缩短新产品的推出周期，降低新产品大批量生产但少数人购买的概率，为生产企业快速转移生产商品提供可能。

同时，在网络科技的支持下，数字经济的自我膨胀性以及平台经济的网络外部性使得在网络上搭建的各种电子商务平台快速发展、激增，从而形成了一系列 B2C、C2C、B2B 等模式，为生产企业的生产和市场销售提供更多的便利，有利于消费的扩大与增长。此外，在数字经济这一背景下，物流业以及互联网金融业的发展，商品和生产的流通过程可根据物流业的发展达到想要提升的流通效率，互联网金融的出现也在一定程度上拓宽了资金的流通渠道，加快了资金的流通速度，两者共同作用促进消费升级的出现。

4.3.2.2　数字经济对商业运营方式的改变

网络改变了传统的商业运作模式，提供了一种更快捷、更有效、更低成本的新的商业运作模式，以此来增加生产者的竞争力，实现生产者与消费者的有效连接，为生产者节约成本的同时也为消费者降低了交易费用，在一定程度上促进消费者消费总量升级以及结构的优化。

传统商业运作模式不同于网络环境下的商业模式，一般是一个商品从出厂，到最终销售给消费者，需要经历很多个中间渠道，一个环节完成之后才能进入下一环节，耗时长且无法预测最终的需要量和预计生产的商品产量；同时每一个中间环节的经销商（或代理商）都需要支付一定的人工、物流等相关费用，增加了商品的附加费用，而且每个中间商都要抽取一部分利润，由此商品的价格会再次上升。直至传统商业运作模式完成之后，最终到达消费者手中时，商品的价格往往要比出厂价高出许多；通常而言，中间环节或中间渠道越多，商品的生产、流通时间就越长，最终卖给消费者的商品价格也越高。在这一时期，消费者对于商品的需求还是一种比较固定的、不易发生巨大变化的模式，并且对商品的价格、类型不敏感，生产者利用这一点，可以扩大规模、专业化生产单一商品，消费者也能把商品消耗了。

但是与传统商业运作模式不同，网络条件下的商业模式更偏向于一种并联式的、不必要环节外包式的、轻便式的特征。通过减少、外包不必要的中间渠道，形成网络圈式的生产、流通过程，中间环节并行生产、流通，借助网络与消费者以及其他中间商形成信息链，尽可能准确商品最终需要量和中间品产量，形成一种小批量、定制化、多品种的商品生产，有效做到成本控制，降低商品价格，提升商品竞争力，在一定程度上促进消费升级。从另一个角度看，借助"互联网+"的大数据分析等手段，公司很容易发现自身经营存在哪些成本控制不力的环节，从而实现成本降低。成本降低也就意味着商品价格的下降，在一定程度上促进了商品的消费。同时，也有一部分公司借助"互联网+"的大数据平台搜集消费者的众多数据，记录消费者的消费偏好，以此进行推送或预测消费，以达到更多、更精准、不浪费的生产目的。不同于传统的"推式"商业生产模式，采取一种"拉式"的商业生产模式，更加关注消费者的真正诉求，从消费端发现需求，再从生产端满足需求。

当前移动互联下的电子商务 3.0 时代，互联网和大数据应用下沉到供应链，以促进生产环节的技术创新，来进一步拉动消费者的消费升级需要。通过互联网对商业模式造成的转变，其中生产环节的进一步创新，使得生产成本进一步降低，技术、资本、人才等都将从生产工艺落后、产能过剩、生产率偏低的部门转向生产工艺高端、生产效率高且需求旺盛的高科技部门，从而使得生产出来的商品质量、价格以及需求量更高，从而达到消费升级目标。

总而言之，从图 4-3 可以看出，数字经济新业态的种种要素与传统要素相结合，以棘轮效应和示范效应作用于居民消费习惯，改变引致新的消费习惯的派生，持续性刺激之后形成偏好，并由数字经济技术成果对居民消费行为加以信息甄别和筛选，发现城乡居民消费行为、习惯的差异，构成数字经济对居民消费实现过程、消费结构及其城乡差异的基本解释。

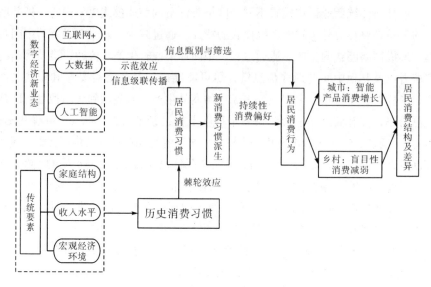

图4-3　数字经济时代居民生产与消费循环升级的内在效应与实现路径

4.4　本章小结

本章概括并分析了数字经济环境下中国居民消费实现效应。数字经济快速发展所引发的消费者个人特质包括消费行为、消费习惯和消费观念变化都是居民消费变迁的内在驱动。同时，由网络技术、数字技术广泛应用所带来的财富效应、分配效应进一步激发居民消费潜能，促进了消费升级和优化。从效应途径看，数字经济环境下中国居民消费变迁的效应主要分为总体、微观和宏观三个层面。网络等数字经济技术与条件对消费个体性行为具有重要影响，也就是说，数字经济环境通过改变消费习惯、消费行为、消费观念以及个体收入驱动了居民的消费效应及消费过程。同时数字经济技术与条件发展通过宏观公共支出、生产格局、商业模式、成本控制等对居民消费产生影响。因此，数字经济同时从消费端的消费习惯、消费行为、消费者收入以及供给端的生产结构对居民消费产生影响，通过上述效应形成数字经济环境下居民消费变迁的内在逻辑。

5 数字经济环境下中国居民消费实现效应的总体实证分析

数字经济的迅速普及，不仅促进了中国居民消费水平的提升（消费量的增加），同时也推动了消费结构的升级与优化，居民的消费越来越多元化，不仅如此，高层次消费的比例也在逐步扩大。截至 2020 年年底，全国居民教育文化娱乐方面的消费已经占到了各类消费的第三位支出，且还保持着上升的态势。可见，数字经济环境下的居民消费已经突破了之前的单一消费模式，居民的消费项目开始出现不同的倾向以及心理需求。因此，我们在实证研究中既要分析网络条件下的城镇居民消费水平升级，还要兼顾分析居民消费结构的优化。

5.1 理论模型

本书在传统的 AIDS 模型的基础之上，并将其拓展之后来分析网络条件下对中国居民消费结构升级的影响。AIDS 模型同其他消费模型的研究范式一样，即研究消费者在既定条件下如何才能做到成本的最小化问题。在研究消费结构方面的问题时，AIDS 模型具有其独特的优势：该模型具有一阶近似分析从而避免了非线性估计；不会对消费弹性添加限制，使得估计更加准确；可以将其他影响消费的因素纳入模型中加以考虑，增强了其解释能力。其包括消费效用和商品价格的函数可表述为

$$LNc(u, p) = (1 - u) LN[a(p)] + uLN[b(p)] \qquad (5-1)$$

其中，c 代表成本，u 代表消费者效用，p 代表当时的价格水平，$a(p)$ 和 $b(p)$ 分别表示生存型的消费支出、效用最大化得到满足时的支出，成本函数公式如下：

$$LNc(u, p) = \alpha_0 + \sum_i \alpha_i LNp_i + \frac{1}{2} \sum_i \sum_j \gamma_{ij} LNp_i LNp_j + u\beta_0 \prod_i p_i^{\beta_i} \quad (5\text{-}2)$$

其中，成本函数对价格水平求导，为商品的需求数量 q_i，即 $\frac{\partial c(u, p)}{\partial p_i} = q_i$，

等号两边同时乘以 $\frac{p_i}{c(u, p)}$，可以得到 $\frac{\partial LNc(u, p)}{\partial LNp_i} = \frac{p_i q_i}{c(u, p)} = w_i$，其中 w_i

表示第 i 种消费支出占总消费支出的比重，因此，式（5-2）对 LNp_i 取偏导可以得到：

$$w_i = \alpha_i + \sum_j \gamma_{ij} LNp_j + \beta_i LN\left(\frac{X}{P}\right) \quad (5\text{-}3)$$

$\frac{X}{P}$ 表示实际支出水平，其中 P 是一般性价格指数。式（5-3）即 AIDS 模型的线性表达式，其一阶差分形式为

$$\Delta w_i = \sum_j \gamma_{ij} \Delta LNp_j + \beta_i \Delta LN\left(\frac{X}{P}\right) \quad (5\text{-}4)$$

为了研究数字经济环境下中国居民消费结构的影响，本书在 AIDS 模型的基础上，引入互联网因素，从而函数可以表达式变成：

$$w_i = \alpha_i + \sum_j \gamma_{ij} LNp_j + \beta_i LN\left(\frac{X}{P}\right) + \delta_i LN\text{internet} \quad (5\text{-}5)$$

式（5-5）中，internet 表示数字经济水平的指标，式（5-5）的一阶差分形式为

$$\Delta w_i = \sum_j \gamma_{ij} \Delta LNp_j + \beta_i \Delta LN\left(\frac{X}{P}\right) + \delta_i \Delta LN\text{internet} \quad (5\text{-}6)$$

其中，p_i 代表价格指数，LNp_i 代表价格指数的对数。ΔLNp_j 代表商品的价格指数对数的差分形式，而差分的目的主要有两点：第一，能够有效地消除数据的自相关情况；第二，可以将原模型中消费品价格水平转化成消费品价格指数。在现实分析中，通常不同地区的消费品价格指数数据有所缺失，因此，本书借鉴学者胡日东（2008）的处理方法，将模型进行差分处理。

$$\Delta LNp_j = LNp_{j, t} - LNp_{j, t-1} = LN\frac{p_{j, t}}{p_{j, t-1}} = LNpi_{j, t} \quad (5\text{-}7)$$

$$\Delta LN\left(\frac{X}{P}\right) = \ln\frac{X_t}{P_t} - LN\frac{X_{t-1}}{P_{t-1}} = LN\frac{X_t}{X_{t-1}} - LN\frac{P_t}{P_{t-1}} \quad (5\text{-}8)$$

$$LN \frac{P_t}{P_{t-1}} = LNP_t - LNP_{t-1} = \sum_i w_{i,t} LNp_{i,t} - \sum_i w_{i,t-1} LNp_{i,t-1} \tag{5-9}$$

$$= \sum_i w_{i,t} (LNp_{i,t} - LNp_{i,t-1}) + \sum_i (w_{i,t} - w_{i,t-1}) LNp_{i,t-1}$$

最后综合式（5-6）、式（5-7）、式（5-8）以及式（5-9），将互联网因素纳入模型后，AIDS 模型的表达式为

$$\Delta w_i = \sum_j \gamma_{ij} \Delta LNpi_j + \beta_i (\Delta LNx_i - \sum_j w_{i,} LNpi_{j,}) + \delta_l \Delta LNinternet_i \tag{5-10}$$

5.2 指标选取与数据来源

5.2.1 指标选取

互联网技术的普及，带来了数字经济的出现，尤其是近年来其发展势头迅猛，人们的生产生活方式被全面改变，应用模式日新月异。但是，目前，对数字经济和网络消费发展水平、消费结构变化的相关衡量指标的研究中，仍未见一个比较权威或者相对统一的指标体系。因此，本书在选取数字经济的代理指标时，从数字经济的定义出发并结合已有的研究文献；同时，兼顾数据的可得性、连续性和准确性，综合选取衡量中国数字经济水平的指标。根据上述的考虑，本书选取了互联网普及率（祝仲坤，冷晨昕，2017）[①] 和移动电话普及率（刘湖，张家平，2016）[②]、网上支付渗透率、网络购物渗透率（王鹏飞，2014）[③] 作为衡量数字经济水平。互联网普及率，作为衡量互联网应用推广情况基础技术指标，移动电话普及率是衡量智能手机的普及情况，随着智能手机功能不断地强化以及智能手机上网速度的大幅提升，中国网民使用手机上网人数和手机上网比例均达到较高比重，可见手机已成为主流的上网方式。网络购物渗透率及网络支付渗透率作为衡量互联网在经济领域应用水平的核心指标，有一定的代表性。被解释变量为居民的消费结构，按照《中国统计年鉴》的8

[①] 祝仲坤，冷晨昕. 互联网与农村消费：来自中国社会状况综合调查的证据 [J]. 经济科学，2017（6）：115-128.

[②] 刘湖，张家平. 互联网是扩大居民消费的新引擎吗?：来自城镇面板数据的实证分析 [J]. 消费经济，2016（3）：17-22.

[③] 王鹏飞. 数字经济对中国居民消费的促进作用研究 [D]. 北京：中共中央党校，2014.

种分类。近年来中国统计局的统计口径发生改变，因此我们可以直接取值。选取的变量指标见表5-1。

表5-1　变量指标

变量名称	变量简称	变量解释
互联网普及率	ipr	网民人数占人口总数的比重
移动电话普及率	mpr	持有移动电话人数占人口总数的比重
网络购物渗透率	osp	网上购物用户人数占网民人数的比重
网络支付渗透率	npp	网上支付用户人数占网民人数的比重

5.2.2　数据来源

本书使用的消费与收入的数据来自2001—2020年的《中国统计年鉴》，从中可以获取实证研究中的被解释变量居民消费的指标。《中国统计年鉴》截至目前仅仅更新到2021年，即2020年的数据。因此，我们在实证分析与检验工作也截止到2020年。

对采集的数据进行如下处理：①缺失数据的补全。数据采集中，对于乡村居民可支配收入缺失部分年份的数据，采用线性插值法进行补全，即应用可观测年份的居民可支配收入除以GDP，并将此作为基准；获取缺失年份的居民可支配收入，可用当年国内生产总值乘以GDP。②数据的标准化。为了进一步消除变量量纲对序列分析的影响，对采集到的各变量，或者指标数据进行标准化处理，后文对变量平稳性检验、典型相关分析和格兰杰因果关系检验等均采用标准化后的数据。

四个指标包括：互联网普及率（ipr）、移动电话普及率（mpr）、网络购物渗透率（osp）以及网络支付渗透率（npp）的数据，均来自中国互联网络信息中心（CNNIC）历次发布的中国互联网络发展状况统计报告。该报告中的数据为企业以及学术研究提供了重要的数据支撑，该报告随着数据调查的不断完善已经成为研究中国互联网时不可或缺的一部分，并被广泛引用。由于网络购物以及网络支付的应用明显落后于数字经济的推广进程，网络购物渗透率和网络支付渗透率的指标从2001年开始才有统计，本书的各指标样本的时间范围为2001—2020年。

如图5-1所示，中国2001—2020年互联网普及率不断上升，2006年之前，互联网普及率增速缓慢，2006年之后，随着基础设施的不断完善以及居民生活水平的显著提高，中国上网人数明显增加。

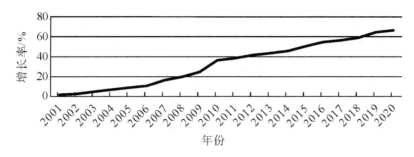

图 5-1　中国 2001—2020 年互联网普及率

（数据来源：《中国互联网发展状况统计报告》）

如图 5-2 所示，中国移动电话普及率随着电信行业的不断发展而不断上升，更是在 2017 年之后，中国移动电话普及率首次超过了 100%，这说明中国居民总体上实现了每人一部移动电话的愿望。

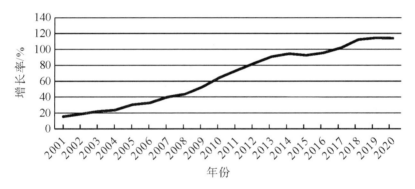

图 5-2　中国 2001—2020 年移动电话普及率

（数据来源：通信业统计数据公报）

如图 5-3 所示，中国网络购物渗透率在 2008 年之前经历了先上升再下降再上升的一个波动过程，由于人们对于网络购物存在一个逐步认识到接受的过程，随着网络购物优势的不断凸显，2008 年之后，中国网络购物渗透率不断上升。

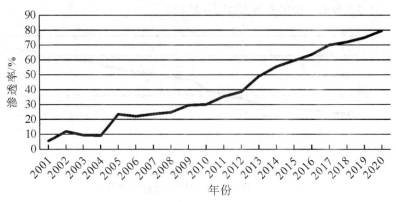

图 5-3　中国 2001—2020 年网络购物渗透率

（数据来源：《2020—2026 年中国移动购物 APP 行业市场前景规划及投资机遇分析报告》）

如图 5-4 所示，中国网络支付渗透率在 21 世纪初期增长缓慢，随着支付工具、支付手段的更新以及网络支付的大力推广，网络支付人数大幅上升，虽然在 2008 年前后出现了缓慢增长的情况，这可能是受到了国际金融危机的影响，但是在这之后，便呈现出上升的趋势。

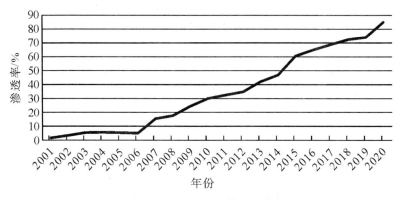

图 5-4　中国 2001—2020 年网络支付渗透率

（数据来源：《中国互联网发展状况统计调查报告》）

5.3　模型设定与说明

面板数据模型的具体形式如下：

$$c_{j,it} = \beta_0 + \beta_1 \cdot ipr_{it} + \beta_2 \cdot mpr_{it} + \beta_3 \cdot npp_{it} + \gamma_i + \varepsilon_{it} \qquad (5-11)$$

其中，c 代表居民的消费支出，j 代表居民不同类型的消费支出，i 代表不同的省份，t 代表不同的时间。γ_i 代表模型的个体效应，ε_{it} 是模型的随机误差项。根据随机效应的假设，γ_i 服从正态分布。

在本节的实证分析中，为了避免异方差现象的发生，对式（5-11）两边的变量同时取自然对数，因此，本书具体使用的面板数据模型形式为

$$\ln c_{j,it} = \beta_0 + \beta_1 \cdot \ln ipr_{it} + \beta_2 \cdot \ln mpr_{it} + \beta_3 \cdot \ln npp_{it} + \gamma_i + \varepsilon_{it} \quad (5-12)$$

因为面板数据综合了截面、时间和变量的三类信息，在对面板数据模型进行参数估计的过程中，如果模型设定的形式存在问题，可能会导致实证结果与经济现实产生脱离，所以有必要在建立模型之前对数据样本进行检验，从而确定实证将采用哪种形式，避免上述问题的发生。因此，我们需要使用 F 统计值来判断究竟选择哪种模型进行分析：

$$F = \frac{(S_1 - S_2)/[(N-1)k]}{S_1/[NT - N(k+1)]} \sim F[(N-1)k, N(T-K-1)] \quad (5-13)$$

5.4 模型检验与分析

5.4.1 中国居民消费结构的总体实证分析

首先，通过 F 统计值检验，判断本书是选用是固定效应模型还是混合估计模型；其次，通过 Hausman（豪斯曼）检验，来确定是选用随机效应模型还是个体固定效应模型。中国居民的不同消费结构都在 1% 的显著性水平下拒绝了混合模型，因此本书将在后面的实证分析中采用固定效应模型，接着，Hausman 检验结果显示，在 10% 的显著水平下除家庭设备用品消费、居住消费及服务消费模型外其他消费类型模型都接受固定效应和随机效应参数估计结果不同的原假设，因此，本书中除了居住消费和家庭设备用品及服务消费外其他模型都采用个体随机效应。另外，F/Wald 值都在 1% 的显著水平下通过检验，各模型拟合优度也都在 90% 以上，表明模型的整体拟合比较好。具体的估计结果见表 5-2。

表 5-2 数字经济下居民消费结构的估计结果

变量	总消费	食品	衣着	居住	家庭生活用品	医疗保健	交通通信	教育文化娱乐	其他
ipr	0.154***	0.214***	0.243***	0.207***	0.206***	0.019***	0.213***	0.105***	0.086***
	(0.000 0)	(0.000 0)	(0.000 0)	(0.000 0)	(0.000 0)	(0.000 0)	(0.000 0)	(0.000 0)	(0.000 0)
mpr	0.223***	0.409***	0.235***	0.312***	0.375***	0.198***	0.294***	0.558***	0.153***
	(0.000 0)	(0.000 0)	(0.000 0)	(0.000 0)	(0.000 0)	(0.000 0)	(0.000 0)	(0.000 0)	(0.000 0)
osp	0.364 1***	0.355***	0.462***	0.258***	0.583***	0.069***	0.368***	0.547***	0.482
	(0.000 0)	(0.000 0)	(0.000 0)	(0.000 0)	(0.000 0)	(0.000 0)	(0.000 0)	(0.000 0)	(0.160 4)
npp	0.326***	0.458***	0.563***	0.352***	0.642***	0.207***	0.493***	0.471***	0.214***
	(0.000 0)	(0.000 0)	(0.000 0)	(0.000 0)	(0.000 0)	(0.000 0)	(0.000 0)	(0.000 0)	(0.000 0)
截距	3.545***	2.258***	2.201***	2.536***	2.004***	2.681***	2.912***	2.842***	2.054***
	(0.000 0)	(0.000 0)	(0.000 0)	(0.000 0)	(0.000 0)	(0.000 0)	(0.000 0)	(0.000 0)	(0.000 0)
R^2	0.951 4	0.975 1	0.963 1	0.912 5	0.974 2	0.912 7	0.923 6	0.947 8	0.982 1
F/Wald	2 835.84	3 251.55	2 963.73	203.11	193.98	3 105.63	2 965.82	3 315.01	3 484.10
Hausman	2.96	2.54	3.121	23.57***	19.25***	2.14	2.58	2.74	3.15
模型选取	个体 随机	个体 随机	个体 随机	个体 固定	个体 固定	个体 随机	个体 随机	个体 随机	个体 随机

注：*、**、*** 分别表示 10%、5%、1% 的显著水平，括号内代表标准误。

表5-2显示了以互联网普及率（ipr）、移动电话普及率（mpr）、网络购物渗透率（osp）以及网络支付渗透率（npp）四个指标来衡量中国数字经济的发展水平，实证分析在数字经济条件下对中国居民消费结构的影响。整体来说，代表数字经济发展水平的四个指标对中国居民的消费总支出及消费结构的影响均呈现出正向的影响效应。四个指标的影响系数大小依次为：网络购物渗透率（osp）、网络支付渗透率（npp）、移动电话普及率（mpr）以及互联网普及率（ipr）。

分项来讲，互联网普及率（ipr）对中国居民衣着消费支出的影响系数最高，而对医疗保健消费支出的影响系数最低。这说明在互联网发展的初期，主要影响的还是居民的生存型消费。互联网的发展尤其是网络购物的兴起，有效地降低了商品的价格以及消费者的搜寻成本相当于扩大了消费者的预算约束，从而增加了消费者的消费意愿。另外，在数字经济环境下，企业面临的竞争压力增加，为了生存迫使企业不得不降低价格，采取提升品质以及服务的措施来吸引消费者，在无形中为居民消费结构的优化提供了帮助。其对于医疗方面的消费影响效应较小。

移动电话普及率（mpr）对居民消费有明显促进作用的是居民文教娱乐用品及服务消费、交通和通信消费以及食品消费。这说明随着中国居民生活水平的提升，智能手机成为居民的必备工具，而随着智能手机软件的多元化发展，显著地提高了居民有关文化教育娱乐方面的支出。打车软件的涌现，使得消费者不再拘泥于单一的出行方式，并且获得了更好的出行服务，因此，也提升了居民有关交通通信的消费支出。另外，随着中国青年群体工作压力的增大，加班时间与做饭时间冲突，外卖行业也借助数字经济的发展应运而生，据数据显示，2020年12月，中国网上外卖用户规模达到了4.18万人，占中国网民比例的42.3%。

网络支付渗透率（npp）对整个消费结构存在显著的影响，其中对居民的文教娱乐用品及服务消费、交通和通讯消费以及衣着消费的促进作用明显，究其原因，主要是网上支付本身就是一种消费方式，随着网上支付涉及的范围越来越广，众多消费者不仅通过网上支付来购买生活用品，尤其是家庭设备等耐用品，由于耐用品本身带有价格高昂等属性，消费者将面临更多的预算约束问题，各网络支付平台相继推出了分期业务，从而刺激了消费者的提前消费。因此，网上支付的普及对中国居民消费结构的影响程度显著，将更好地帮助中国扩大内需、拉动消费。

网络购物渗透率（osp）在居民的日常消费结构上具有较大的促进作用，一方面，互联网的兴起以及现代物流业的发展，人们的家庭日用品完全可以在网络上进行选择，并且会有专门的配送人员送货上门，不仅节约了消费者的时间，也节约了消费者的选择成本。另一方面，随着中国网络支付的迅速发展，大到酒店商城，小到街边门店，消费者即使没有带钱也可以选择手机支付方式完成交易，不仅方便了消费者自身，也方便了商家，极大地促进了消费者的消费行为。对于衣着消费，随着各种网购平台这些年的发展，平台内部也开始进行专业化的改革，商品更加完善，服务更加热情，消费者可以随时随地地进行购物，进一步激发了消费者的购买欲望。

通过对比网络支付对于不同消费类型的系数我们可以发现，消费者更多地使用网络支付通信费用以及文化娱乐开支，可能是由于线下交易不可避免地会出现排队情况，从而耽误了消费者的时间，并且网络支付还能不定期获得商家的优惠活动。

5.4.2　中国居民消费结构的区域差距分析

由于我国国土广阔，各地区经济发展水平存在较大的差距（柯健，2004）。为了进一步分析数字经济条件下居民消费结构的区域差距，本书将中国不同地区划分为西部、中部以及东部地区进行分析，东部地区共 13 个省市，中部地区共 6 个省市、西部地区共 12 个省市。具体的估计结果参见表 5-3、表 5-4、表 5-5，能够看出除了个别的消费模型在 10% 的显著水平下选择固定效应，大多数消费模型仍然选择随机效应，同时各个模型的 F 统计值与 R^2 的显著性仍然较好，说明模型的拟合比较好。

表 5-3 数字经济下不同地区居民消费结构的估计结果

解释变量	总消费			食品消费			衣着消费		
	东部	中部	西部	东部	中部	西部	东部	中部	西部
ipr	0.257 1***	0.208 7***	0.163 3***	0.274 1***	0.243 8***	0.174 6***	0.214 8***	0.163 8***	0.145 2***
	(0.000 0)	(0.000 0)	(0.000 0)	(0.000 0)	(0.000 0)	(0.000 0)	(0.000 0)	(0.000 0)	(0.000 0)
mpr	0.481 2***	0.427 4***	0.252 4***	0.405 1	0.454 1	0.402 2	0.423 6	0.501 3	0.582 1
	(0.000 0)	(0.000 0)	(0.000 0)	(0.000 0)	(0.000 0)	(0.000 0)	(0.000 0)	(0.000 0)	(0.000 0)
osp	0.586 3***	0.501 2***	0.423 6***	0.421 5***	0.367 8***	0.370 2***	0.586 1***	0.592 3***	0.635 5***
	(0.000 0)	(0.000 0)	(0.000 0)	(0.000 0)	(0.000 0)	(0.000 0)	(0.000 0)	(0.000 0)	(0.000 0)
npp	0.521 3***	0.425 4***	0.386 9***	0.456 4***	0.435 8***	0.502 1***	0.528 9***	0.551 1***	0.563 1***
	(0.000 0)	(0.001 1)	(0.007 6)	(0.004 6)	(0.001 0)	(0.003 9)	(0.006 4)	(0.059 4)	(0.000 0)
截距	7.154 5***	7.584 3***	7.369 4***	6.457 8***	6.948 2***	6.314 1***	5.147 2***	6.784 2***	5.781 6***
	(0.000 0)	(0.000 0)	(0.000 0)	(0.000 0)	(0.000 0)	(0.000 0)	(0.000 0)	(0.000 0)	(0.000 0)
R^2	0.954 1	0.947 2	0.902 45	0.897 1	0.951 2	0.941 3	0.984 1	0.938 5	0.941 2
F/Wald	2 531.5	1 654.2	2 124.3	1 824.9	987.5	2 532.3	2 821.5	1 354.5	208.6
Hausman	2.54	1.65	1.285	2.857	1.05	1.69	1.58	2.58	20.69
模型选取	个体	个体	个体	个体	个体	个体	个体	个体	个体
	随机	随机	随机	随机	随机	随机	随机	随机	固定

注：*、**、***分别表示 10%、5%、1% 的显著水平，括号内代表标准误。

表5-4 数字经济下不同地区居民消费结构的估计结果

解释变量	居住消费			家庭生活用品消费			医疗保健消费		
	东部	中部	西部	东部	中部	西部	东部	中部	西部
ipr	0.2863***	0.3536***	0.1836***	0.1632**	0.2063***	0.1982**	0.168***	0.1025***	0.0692***
	(0.0000)	(0.0000)	(0.0000)	(0.0000)	(0.0000)	(0.0000)	(0.0000)	(0.0000)	(0.0000)
mpr	0.3564***	0.3345***	0.5014***	0.5321	0.4932	0.4033	0.7612	0.8874	0.8436
	(0.0000)	(0.0000)	(0.0000)	(0.0000)	(0.0000)	(0.0000)	(0.0000)	(0.0000)	(0.0000)
osp	0.3952***	0.4013***	0.4267***	0.4953***	0.4301***	0.4086***	0.4529***	0.4630***	0.5211***
	(0.0000)	(0.0000)	(0.0000)	(0.0000)	(0.0000)	(0.0000)	(0.0000)	(0.0000)	(0.0000)
npp	0.4011***	0.3812***	0.3219***	0.4685***	0.4119***	0.3026***	0.4568***	0.3612***	0.3194***
	(0.0000)	(0.0000)	(0.0000)	(0.0000)	(0.0000)	(0.0000)	(0.0000)	(0.0000)	(0.0000)
截距	5.2557***	6.6441***	6.5812***	6.2541***	7.0521***	6.3557***	5.0285***	6.6572***	6.5881***
	(0.0000)	(0.0000)	(0.0000)	(0.0000)	(0.0000)	(0.0000)	(0.0000)	(0.0000)	(0.0000)
R^2	0.9841	0.9638	0.9251	0.9018	0.9524	0.9396	0.9292	0.9237	0.9497
F/Wald	1536.55	2036.12	998.6	459.63	2014.62	398.23	1586.47	1434.2	506.11
Hausman	0.89	1.55	1.5812	30.54***	0.94	36.24***	2.015	1.954	45.32***
模型选取	个体随机	个体随机	个体随机	个体固定	个体随机	个体固定	个体随机	个体随机	个体固定

注：*、**、*** 分别表示10%、5%、1% 的显著水平，括号内代表标准误。

表 5-5 数字经济下不同地区居民消费结构的估计结果

解释变量	交通通信消费			教育文化娱乐用品及服务消费			其他消费		
	东部	中部	西部	东部	中部	西部	东部	中部	西部
ipr	0.175 3***	0.051***	0.041***	0.635 2**	0.584 4***	0.415 2**	0.214 8***	0.163 8***	0.145 2***
	(0.059)	(0.063 1)	(0.087)	(0.093 9)	(0.028 2)	(0.007 3)	(0.084 2)	(0.057 4)	(0.048 1)
mpr	0.534 1***	0.736 1***	0.774 4***	0.482 4	0.182 1*	0.115 7	0.201 4	0.126 9**	0.082 2
	(0.062 5)	(0.057 0)	(0.088 2)	(0.011 6)	(0.042 1)	(0.072 7)	(0.084 2)	(0.057 4)	(0.048 1)
osp	0.551 4***	0.512 9***	0.424 8***	0.502 5***	0.499 1***	0.458 7***	0.395 4***	0.364 2***	0.300 9***
	(0.000 0)	(0.000 0)	(0.000 0)	(0.000 0)	(0.000 0)	(0.000 0)	(0.000 0)	(0.000 0)	(0.000 0)
npp	0.541 7***	0.522 8***	0.467 4***	0.485 5***	0.459 6***	0.444 8***	0.402 1***	0.201 1***	0.182 1***
	(0.000 0)	(0.000 0)	(0.000 0)	(0.000 0)	(0.000 0)	(0.000 0)	(0.000 0)	(0.000 0)	(0.000 0)
截距	6.223 5***	6.515 3***	6.572 2***	5.578 9***	5.374 1***	5.021 1***	5.147 2***	6.784 2***	5.781 6***
	(0.038 4)	(0.075 1)	(0.027 8)	(0.032 3)	(0.048 9)	(0.091 3)	(0.084 2)	(0.057 4)	(0.048 1)
R^2	0.918 8	0.776 0	0.927 1	0.863 4	0.959 1	0.855 1	0.984 1	0.938 5	0.941 2
F/Wald	996.4	1 342.64	1 529.48	1 334.21	985.6	864.32	2 054.56	2 423.19	1 692.78
Hausman	2.15	2.12	2.83	2.63	2.66	2.56	2.388	2.61	2.15
模型选取	个体 随机	个体 随机	个体 随机	个体 随机	个体 随机	个体 随机	个体 随机	个体 随机	个体 随机

注: *、**、***分别表示 10%、5%、1% 的显著水平,括号内代表标准误。

表 5-3、表 5-4 和表 5-5 显示了数字经济对我国东部、中部以及西部地区居民消费结构产生的不同影响。

总体来看，数字经济对我国居民消费结构的影响存在显著的区域差异性，正是由于网络的发展与其他基础设施类似，在初期的建设中可能要投入较高的成本，因而数字经济从出现就带有较高的外部经济性。梅特卡夫定律指出，一个网络的价值与联网用户的平方成正比。说明当网络的使用用户较多时，数字经济的价值将会越大。我国东部地区经济发展远远领先于中西部地区，无论是互联网普及率还是移动电话普及率都比中西部要高，从而带来了极强的外部经济性并对居民消费产生了促进作用。另外，根据马太效应，东部地区经济将愈发地强劲，而中西部地区经济将愈发疲软，这导致了东西部经济差距进一步拉大。与此同时，东西部地区还不单单存在普及率水平的差异，普及率的质量也各不相同。普及率的质量指的是网络使用的频率以及深度，由于我国东部地区的居民素质普遍高于中西部地区，东部居民使用网络更加频繁，涉及的内容也相对广泛，对于中西部地区来说，互联网对其生活消费的影响就相对小一些。从全国范围来看，移动电话普及率，网络购物渗透率以及网上支付渗透率对我国各个地区的消费总支出的影响要强于互联网普及率的提升，但总体来说，数字经济对各个地区的居民消费结构的优化产生了积极作用，但对不同地区的促进作用却存在差别。

分地区来看，东部地区经济比较发达，互联网普及率（ipr）、移动电话普及率（mpr）两项指标，对我国居民不同消费结构的影响系数都在5%的显著性水平下通过检验，而且回归系数均为正，说明在东部地区，数字经济促进了居民的各项消费支出。移动电话普及率、网络购物渗透率以及网络支付渗透率的系数，均明显高于互联网普及率的系数，验证了它们在中国东部地区居民消费需求增加中的重要作用。进一步比较不同消费结构的回归系数可以发现，数字经济更多影响的是：家庭生活用品消费、医疗保健消费、交通通信消费以及教育文化娱乐用品及服务消费。可见，数字经济促进了东部地区居民的发展型消费和享受型消费。对于中部地区来说，除了互联网普及率对其他消费以及教育文化娱乐用品及服务消费的回归系数不显著以外，其他变量对不同消费结构的回归系数均在5%的显著性水平下通过了假设检验，但各项消费结构的回归系数均小于东部地区，说明就中部地区来说，数字经济对于居民消费结构的提升弱于东部地区，通过对比不同消费结构的回归系数可以发现，其主要促进了居住消费、家庭生活用品消费以及医疗保健消费。可见，数字经济促进了中部地区居民的生存型消费和发展型消费。对于西部地区而言，四项指标对西部地区居民的不同消费结构的影响系数，均没有同时通过显著性检验，尤其是，在医疗保健消费、交通通信消费和其他消费支出模型中，受数字经济的影响相对更小，西部地区相对于其他地区经济欠发达，居民对网络信息技术接受程度相对于东中部居民还略有一定差距。这四个指标对于食品消费和衣着消费支出的回归系数偏大，说明西部居民的消费支出仍然以生存型消费为主，而发展型与享受型消费的比例相对较少。因此，必须努力争取各方资源、拓展渠道，增加西部地区居民收入，提高农村居民对互联网的认知意识，进而促进互联网对农村居民消费结构升级。从另一层面讲，优化西部地区消费结构，对于改善西部地区消费市场、完善消费体制机制，促进居民消费升级具有重要意义。

5.5　本章小结

本章通过构建面板数据模型实证分析数字经济对中国居民消费结构的影响。研究发现，数字经济对中国居民消费结构升级具有推动作用且存在差异性。四项指标的影响系数大小依次为网络购物渗透率、网络支付渗透率、移动电话普及率以及互联网普及率。另外，考虑到中国地域辽阔，各地区发展极不均衡，本文接着通过对中国各地区进行划分，实证分析发现，西部地区和中部及东部地区受数字经济的影响存在一定差别。

基于以上数字经济条件下对中国居民消费结构的实证分析，给出以下建议：

第一，互联网开放性与兼容性的进一步探索与提升。结合中国东、中、西部的特点，局部拓展三方信息的互联互通，努力实现三方全面信息交融，同时加大国内与国际互联网的信息实时共享，逐步实现产品、信息、应用和服务四方面链接的互联网"商品库"，发挥互联网"导购员"的强大功能。

第二，通过信息的高速传导和高度共享，实现不同区域间消费观念的共享与文化交流，从而挖掘出更大的消费潜力。

第三，精准传导与精准定位的进一步实现。互联网的存在使得信息产生以及传播实现超前的巨量化，随之信息传导的精准性提升，居民的消费需求得到进一步有效刺激。互联网个性化软件的开发与识别使得消费者个性特征得到满足，个性化消费得以实现，信息传导更加精准。

6 数字经济环境下中国居民消费实现效应的微观实证分析

在数字经济发展的大背景下，物流、信息流等相关形式的颠覆性变化带动消费者行为发生了全新的变化，相关消费实现成本的内在变革可以通过数字经济促使消费习惯模式、消费决策模式、消费行为模式、消费认知模式等消费者行为模式与效应发生新变化及优化，且数字经济条件下居民消费实现效应的实证检验具有重要意义。

6.1 实证研究设计

目前，数字经济与网络消费的事实已经说明，数字经济发展与居民消费结构变迁存在明确且明显的内在因果关系和微观内生性实现效应，从方法论上，可以通过倾向性得分匹配反事实推断数字经济发展和城乡差异与居民消费结构的内在因果关系。倾向性匹配方法能够印证数字经济发展和城乡差异时引起居民消费结构调整及空间差异的本质原因，同时可以实证检验数字经济条件下中国居民消费实现效应及结构发展微观效应。

应用倾向性得分匹配法（PSM），选择匹配变量、协变量分组变量，并建立 logistic 模型，反事实推断数字经济环境下居民认知引发的消费结构及其他要素的变革，通过参数估计与检验，验证上述关系的存在性，在此基础上可以分析数字经济环境下居民消费实现的效应与因果关系。

本章选择包括居民可支配收入、消费习惯、消费行为和消费结构为内生变量；选择地区人均 GDP，居民受教育程度和城乡差异等为外生变量。构建可支配收入方程、消费习惯方程、消费行为方程和消费结构方程，建立联立方程组，反映变量之间的相互关系及作用，分析数字经济条件下居民消费行为、消费习惯与经济水平带来的居民消费结构的发展与居民消费的机理关系，在此基础上考量数字经济环境下对居民消费结构影响的因素，并对城乡居民之间的影响差异性进行比较研究。研究认为，居民消费行为和可支配收入、居民网络消费行为和消费习惯均存在显著的内生性，变量之间互为因果。

本章的基本思路是设计调研问卷，以家庭宽带网络接入为数字经济环境影响居民消费的测度指标，度量居民数字经济介入强度，以网络消费行为度量居民消费行为；借助调研问卷获取消费者个体层面的微观数据，应用倾向性得分匹配方法（PSM），以居民消费结构为结局变量，居民数字经济介入和城乡差异为分组变量，反事实推断上述两变量对于居民消费结构（变迁）的处理效应，即数字经济环境影响中国居民消费的事实实践效应。选择居民可支配收入、网络消费行为、消费习惯和消费结构为内生变量；选择居民数字经济介入、区域经济发展水平等为外生变量。应用 Hausman 内生性检验方法检验并印证变量间存在内生性问题。构建联立方程组模型，包括可支配收入方程、消费行为方程、消费习惯方程和消费结构方程。借助三阶段最小二乘法进行实证检验，基于数理分析，科学分析数字经济条件下居民消费过程的实现路径和内在效应。

从目前理论研究看，国内外学者们关于数字经济环境下居民消费问题的研究主要是从消费行为和消费习惯形成的角度对于居民消费结构展开实证与检验研究，或者构建多元回归模型、logistic 模型等，检验居民消费结构发展变迁的影响因素或形成的实现效应。然而，在现实数字经济与网络环境中，影响居民网络消费行为、网络决策及消费结构的因素是多种多样的，同时，影响因素间也呈现出极为复杂的相互作用关系。传统方法如因子分析、多元回归等无法有效控制由于混杂问题产生的系统偏差。同时，以往研究对于群组差异（城乡差异）和数字经济介入等非传统要素是否影响以及如何影响居民消费结构变迁尚缺乏足够的理论支撑，检验上述因素对居民消费结构变迁的影响具有重要的理论价值。

本章主要展开以下工作：①借助问卷调查法将居民消费习惯、消费行为和消费结构等转化为问题项，选择样本展开调查研究，采集一手数据；设计变量，包括结局变量、分组变量和特征变量，应用倾向性得分匹配法检验数字经济环境下居民个体属性（不同的来源地、性别）和数字经济（居民网络接入）对于消费结构的处理、反应效应与反应效果，检验数字经济发展与居民消费发展的内在因果关系。②设计外生及内生变量，基于面板数据应用豪斯曼内生性检验方法（Hausman），来检验变量间的内生性；基于前述构建的理论模型设计包括居民收入决定方程、消费行为变迁方程、消费习惯变迁方程和消费结构变迁模型四个单一方程在内的联立方程组。借助三阶段最小二乘法（3SLS）进行系统估计，通过联立方程组模型的参数估计与检验，进一步揭示数字经济环境下居民消费实现过程的网络介入效应与网络消费形成与实现效应。

6.2 实证研究方法

6.2.1 倾向性得分匹配

倾向性得分匹配（Propensity Score Matching，PSM），是一种统计分析方法，它应用实验数据（实验组）和非实验数据（控制组）进行处理效应检验。该方法的使用是基于现实世界中的因果分析存在这样的现象：变量相互关联并不意味着存在因果关系，例如事件 A 和事件 B，两事件高度关联可能是由于存在共同的影响因素 C；排除 C 后，两者间的关联性可能消失。因此，A 和 B 满足因果关系需要具备三个条件：一是，A 与 B 存在时间上的先后性，即原因在前、结果在后；二是，A 和 B 的因果关系需符合经济学或管理学的解释意义；三是，A 与 B 的因果关系不能被除该两个事件之外的第三事件解释。

PSM 应用反事实的逻辑框架进行因果推断，并通过观测实验组和非实验组的平均结果反事实估计内在因果关系。将处理效应刻画为平均差异，如式（6-1）所示。

$$\text{ATT}(Z) = E[(Y^1 - Y^0) \mid X, \ Z = 1] \qquad (6\text{-}1)$$

其中，ATT 表示总体干预效应，是标准估计的核心效应。其中，干预组和非干预组的平均处理效应分别表示为式（6-2）和式（6-3）。

$$\text{ATU}(Z) = E[(Y^1 - Y^0) \mid X, \ Z = 0] \qquad (6\text{-}2)$$

$$\text{ATE}(Z) = E[(Y^1 - Y^0) \mid X] \qquad (6\text{-}3)$$

6.2.2 联立方程组模型

联立方程模型是由挪威学者 Haavelom 首次提出的，构建联立方程可有效规避变量的内生性问题。

式（6-4）和式（6-5）给出了最简单的联立方程组。

$$y_1 = \alpha_1 y_2 + \beta_1 z_1 + u_1 \qquad (6\text{-}4)$$

$$y_2 = \alpha_2 y_1 + \beta_2 z_2 + u_2 \qquad (6\text{-}5)$$

6.3 基于倾向性得分匹配的因果检验

关于数字经济环境下居民消费实现过程、结构、影响因素分析的核心问题在于对关键性影响要素与居民网络消费结构之间的因果关系进行科学合理的推断。根据式（6-1）、式（6-2）和式（6-3）的定义，干预组和被干预组之间的净差异即可说明影响因素与居民消费结构的因果关系。本部分根据样本被数字经济环境干预和未被数字经济环境干预的两种情况，基于所选择的样本，进行样本分组并检验干预与处理效应及干预效果。

6.3.1 变量设计与数据采集

依据 PSM 检验的基本原理，将样本分为处理组（或实验组）和控制组。本书分别以数字经济和居民所在地进行划分。

6.3.1.1 分组变量

本部分研究旨在推断数字经济环境介入与居民城乡差异对于居民消费实现过程、消费结构及发展的内在影响。对于消费者个体而言，同时观察上述两情景的干预和不干预产生的效果无法直接推断，需借助总体平均值进行估计推断。PSM 检验的变量设计如表 6-1 所示：①结局变量。结局变量又被称为结果变量，根据研究设计，以居民消费结构变迁（应用发展型消费占比测度）为结局变量。②分组变量。分组变量表示样本的干预状态，本部分旨在推断数字经济与城乡差异和居民消费结构的因果关系，设置两个分组变量，每个分组变量可表示两种干预状态（实验和控制）。③特征变量。特征变量又称为协变量，在因果推断中纳入模型可描述个体的内部特征。针对不同的结局变量或分组变量，设计特征变量：居民数字经济介入为分组变量时，选择居民家庭结构、本人受教育程度、居民所在地位等作为特征变量；居民所在地为特征变量时，选择家庭结构、户主年龄、文化程度和数字经济介入作为特征变量。

表 6-1　居民消费实现过程、消费结构及其影响因素的变量设计

结局变量	分组变量	特征变量	模型中的标识
居民消费结构变迁（生存型消费、享受型消费和发展型消费支出结构，发展型消费支出/生存性消费支出）	数字经济（互联网）介入（$N=1$ 或 $N=0$）	家庭结构（Family）	FS
		受访者年龄（Age）	AG
		受访者文化程度（Education）	ED
		可支配年收入（Revenue）	RE
	居民所在地[城镇（L）=1，农村（L）=0]	居民所在地（Location）	LO
		家庭结构（Family）	FS
		户主年龄（Age）	AG
		文化程度（Education）	ED
		可支配收入（Revenue）	RE
		互联网介入（Network）	NT

6.3.1.2　数据采集与统计分析

（1）调研问卷和量表设计

设计问卷和量表，以面对面访谈和电子邮件等形式发放问卷，获取居民消费相关的截面数据。其中，调研问卷的结构设计如下：

第一部分：基本信息部分。与前文的定性研究类似，该部分主要获取受访人员的基本信息，包括性别、年龄、受教育程度、家庭所在地等。

第二部分，问题的题项部分。将表 6-1 中所设计的变量转化为问题的题项，考虑数据的可得性，受访者家庭年收入采用约数表示，居民所在地均为定性变量（0 为基准，1 为观测）。对于居民消费行为和消费习惯的测量采用以下方法：

①消费行为的度量

对消费行为的度量中，本书采用消费行为的狭义概念，即消费行动或购买行为的发生，引用并借鉴学者冯桂平和刘爽（2018）、芈凌云和芦金文（2018）等学者的研究成果。通过居民消费方式、消费金额和消费频度三个维度测度数字经济条件下居民的消费行为。在问卷中分别设置问题项"当前您主要通过互联网、微商、抖音等新媒介获取所需的商品或服务""您通过互联网、微商、抖音等消费金额大于实体店消费""您平均一周通过互联网、微商、抖音等新媒介消费的次数"。为保障问题的可测量性，采用成熟量表即李克特五分制量

表测度上述题项（1 表示强烈反对，5 表示完全赞同），为得到一致性结果，将该三个题项归类为"居民网络消费行为"用以测度数字经济条件下的居民消费行为。

②消费习惯的度量

棘轮效应和示范效应是居民消费习惯的内在属性，棘轮效应决定了数字经济条件下居民消费习惯是一种稳定的消费行为，仍可能遵循传统消费的通行方式和基本逻辑；而示范效应不同，消费者的行为具有示范效应，尽管自己的收入没有变化，但也会受其他的影响扩大自己的消费支出。

③其他变量的度量

家庭结构采用受访者所在的户籍家庭中男性女性成员的比例表示；文化程度采用李克特量表测量（硕士及以上＝5，大学本科＝4，大专＝3，高中＝2，初中及以下＝1）。

第三部分，开放式问题部分，主要听取城乡居民关于改善当前购物环境、增强网络消费便捷性等相关问题的建议。

倾向性得分匹配中需要对部分变量进行特殊处理，其中本部分选择数字经济介入和城乡差异为分组变量。两变量均为定性变量，需给其以特定值。目前，对于数字经济及居民融入数字经济尚缺乏一致性指标，问卷中设计题目以受访者家庭是否使用宽带网络为表征，假如宽带网络 3 年及以下即 $N=0$，接入宽带网络 3 年以上即 $N=1$，以此进行样本分组。城乡差异方面，设置农村地区，$L=0$，城镇地区，$L=1$，考虑到人口的流动性特征，居民所在地为其常住地址，其中在校大学生常住地址为城镇。

（2）数据采集与处理

①数据采集

通过以下几种途径采集数据：第一，借助本人担任电子商务专业课教师的便利条件，将完整问卷发放给在校大学生，由在校大学生根据自身消费情况填写问卷；同时，利用寒暑假的时间，由学生携带问卷回到生源地针对周边邻居、亲戚、朋友的消费现状进行调研。通过该途径发放问卷 400 份，回收剔除无效问卷后，保留有效问卷 307 份。第二，充分利用即时通信工具包括微信、QQ、微博等，在问卷星平台上将调研问卷制作成网络链接后进行不定向发送，通过这种途径共发放问卷 100 份，保留有效问卷 77 份。本次共得到有效问卷 384 份，有效回收率达到 76.8%，样本量足够支撑分组检验和倾向值匹配。

②数据统计性描述与处理

对本次调研所回收的数据，进行统计性描述与分析：从性别结构看，本次调研受访对象男性占比为45.2%，女性占比为54.8%。从居民来源看，城市居民占比为52.3%，农村居民占比为47.7%，城乡居民的样本量基本持平。从宽带网络的普及程度看，62.5%的受访对象家庭接入宽带网络在3年以上，其余均未超过3年。受访者中61岁以下的消费者占比为85.6%。从其收入水平看，月收入在2 000~5 000元和5 000~10 000元的受访者占比较高，分别为29.1%和25.4%，受访者月均收入不足2 000元的受访者占比为16.9%，月收入在20 000元及以上的受访者占比为9.2%，比重较小。受访者部分统计描述如表6-2所示。

表6-2　受访对象的统计性描述

项目	类型	人数/人	比例/%
年龄结构	25岁及以下	72	17.4
	26岁至30岁	79	19.1
	31岁至40岁	80	19.4
	41岁至50岁	73	17.7
	51岁至60岁	50	12.0
	61岁及以上	59	14.4
职业类别	公司职员	101	24.4
	在校大学生	120	29.1
	教师	38	9.2
	农民	74	17.9
	个体户	25	6.1
	自由职业者	20	4.8
	其他	15	3.6
月均收入	2 000元以下	70	16.9
	2 000~5 000元	120	29.1
	5 000~10 000元	105	25.4
	10 000~20 000元	80	19.4
	20 000元及以上	38	9.2

表6-2(续)

项目	类型	人数/人	比例/%
居民常住地	城镇	216	52.3
	农村	197	47.7

数据来源：调研问卷的统计分析，经作者整理而来。

为保障问卷的题项设计与本书所研究问题的一致性，基于回收的截面数据对问卷进行了效度和信度检验。

信度与效度分析。信度表明了问卷及量表在问题研究中的可靠性，采用Cronbachα一致性系数法检验问卷信度。输入原始数据进行信度检验，经检验，该问卷 Cronbachα 值为 0.862，大于 0.5 的经验值，即问卷具有较好的信度；通过 KMO 值和 Bartlett 球形检验值观测问卷结构效度（见表6-3），表明问卷具有较好的结构效度。综上所述，所设计的调研问卷能够较为一致地反映本章研究的问题，获取的数据可进行因子分析，具有较好的效度和信度。

表 6-3　效度的 KMO 和 Bartlett 球形检验

KMO		0.827
Bartlett 球形检验	近似卡方	3 030.85
	自由度（df）	190
	显著性（sig）	0.000

数据来源：SPSS 因子分析结果，经作者整理而来。

6.3.2　倾向性匹配与处理效应检验

采用 PSM 进行居民消费结构变迁的因果推断，具体步骤如下：

6.3.2.1　计算倾向值

当某种干预存在两种状态——干预和非干预时，每个样本的倾向性得分即接受干预的条件概率可借助 Logistic 模型进行估计。具体模型如式（6-6）所示。

$$p(y=1\mid x)=\frac{exp(\beta_0+\beta x)}{1+exp(\beta_0+\beta_x)} \tag{6-6}$$

式（6-6）是非线性模型，需借助极大似然估计法估计参数，分别得到以居民数字经济介入和居民来源地为分组变量相对于特征变量（协变量）的倾向值。

6.3.2.2　倾向值匹配

PSM 常用匹配方法有马氏距离匹配、最邻近匹配法、半径匹配法和内核匹配法等。这些方法一般也被称为贪婪匹配方法，其中最邻近匹配法为 1 对 N 匹配，其通过寻找倾向值差值最小的样本 i 和 j，使其落入邻居关系 C（Pi），并使用式（6-7）和式（6-8）衡量协变量的平衡性：

$$d_x = \frac{|M_{xt} - M_{xp}|}{S_x} \tag{6-7}$$

$$d_{xm} = \frac{|M_{xt} - M_{xc}|}{S_x} \tag{6-8}$$

本书采用最邻近匹配方法展开倾向性得分匹配。三种效应（ATE、ATT 和 ATU）如表 6-4 和表 6-5 所示。同时，匹配还给出了平衡性检验结果（见表 6-6和表 6-7）。

由表 6-4 可知，匹配后居民网络消费行为的整体干预效果与效应（本文的处理效应）为 0.240 1，且在 1% 水平上显著，处理组干预效应（ATT）为 0.230 1，在 5% 水平上通过显著性检验，控制组干预效应为 0.129 0，在 1% 水平上也通过了显著性水平检验；由表 6-5 可知，居民来源地（城镇）的干预效应为 0.338 7，同时也通过了显著性水平检验。从实验组处理效应和控制组处理效应看，ATT 和 ATU 值分别为 0.306 5 和 0.238 9，并分别通过 1% 和 5% 水平上的显著性检验。应用 logistic 回归模型生成每个样本点相应处理结果的概率值，同时据此来计算样本的倾向性得分。"_ id""Pscore""treat""support"和"weight"是倾向性匹配产生的一些新的变量。其中，"_ id"为自动生成的观测对象唯一身份标记；"Pscore"为经 Logistic 回归分析方法所计算的概率值（倾向值）；"treat"表示是否为处理组样本的匹配样本，"treated"为匹配，"untreated"为不匹配。

表 6-4　居民互联网介入及行为对消费结构的处理效应

变量	样本	处理组	控制组	差异	标准误	T 检验值
消费结构调整	处理组平均处理效应（ATT）	0.230 1	0.129 0	0.021 0	0.091 6	0.23
	控制组平均处理效应（ATU）	0.109 8	0.108 0	-1.432 1	0.118 5	1.21
	总体平均处理效应（ATE）	0.240 1	0.123 1	-0.115 0		

资料来源：应用 Stata 13.0 展开倾向性得分匹配，经作者整理而来。

表 6-5　居民所在地（城市或农村）对消费结构的处理效应

变量	样本	处理组	控制组	差异	标准误	T检验值
消费结构调整	处理组平均处理效应（ATT）	0.306 5	0.322 1	0.012 0	0.052 0	0.21
	控制组平均处理效应（ATU）	0.238 9	0.302 9	0.098 7	0.233 6	−0.79
	总体平均处理效应（ATE）	0.338 7	0.231 0	−0.1.340		

资料来源：应用Stata 13.0展开倾向性得分匹配，经作者整理而来。

表 6-6　以居民互联网介入为处理变量的倾向性匹配平衡性检验

变量		平均值		偏差	减小后偏差绝对值	T检验值	V（T）/V（C）
		处理组	控制组				
家庭结构（Family）	匹配前	3.729 4	3.171 9	61.6	98.2	5.97	0.69
	匹配后	3.715 0	3.725 1	−1.1		0.07	1.03
受访者年龄（Age）	匹配前	25.170	24.131	9.0	75.2	0.55	0.94
	匹配后	25.330	25.187	2.2		−0.041	1.00
受访者文化程度（Education）	匹配前	1.890 2	1.765 5	13.8	47.8	1.87	1.22
	匹配后	1.869 2	1.880 8	7.2		2.25	1.14
本人年收入（Revenue）	匹配前	4.035 6	3.971 7	24.0	86.8	2.32	1.22
	匹配后	4.032 7	4.032 7	−3.2		−0.36	1.14
居民所在地（Loction）	匹配前	0.457 1	0.346 0	11.01	25.38	1.091	0.82
	匹配后	0.465 3	0.338 5	−1.30		−0.329	1.08

资料来源：应用Stata 13.0展开平衡性检验，经作者整理而来。

表 6-7　以居民所在地为处理变量的倾向性匹配平衡性检验结果

变量		平均值		偏差	减小后偏差绝对值	T检验值	V（T）/V（C）
		处理组	控制组				
家庭结构（Family）	匹配前	0.495 5	0.600	−19.8	95.2	−2.00	1.21
	匹配后	0.474 9	0.479 9	−1.0		−0.11	1.00
受访者年龄（Age）	匹配前	3.878 4	3.973 7	9.3	98.0	−0.95	0.91
	匹配后	3.872 1	3.874 1	0.2		−0.02	0.90

表6-6(续)

变量		平均值		偏差	减小后偏差绝对值	T检验值	V（T）／V（C）
		处理组	控制组				
文化程度（Education）	匹配前	1.738 7	1.957 9	23.4	95.0	-2.37	0.91
	匹配后	1.716 9	1.705 9	1.2		0.13	0.98
年可支配收入（Revenue）	匹配前	2.058 9	2.036 8	4.1	81.1	0.41	1.25
	匹配后	2.063 9	2.059 8	0.8		0.08	1.25
互联网介入（Network）	匹配前	3.364 9	3.405 3	-4.2	75.4	-0.43	0.99
	匹配后	3.369 9	3.379 8	-1.0		-0.11	1.02

资料来源：应用 Stata 13.0 展开平衡性检验，经作者整理而来。

由表 6-6 可知，家庭接入宽带网络 3 年以上的居民年龄较 3 年以下的居民年龄大，匹配后在该协变量上的差异性显著（$P<0.01$）；表 6-7 所呈现的平衡性检验结果也可看出，家庭接入宽带网络差异，包括居民城乡差异，对网络消费实现过程及消费结构也表现出显著的处理与干预效应。

6.3.3 平衡性检验与密度函数分析

图 6-1 表示分别以居民网络消费介入和居民城乡差异为处理变量进行倾向性匹配后的密度函数，匹配前和匹配后的密度函数可进一步说明匹配的平衡性。可知，消费者受宽带网络介入影响，其消费结构呈现出一致的调整趋势，即互联网介入越深入居民发展型消费比重越大，表现出显著差异。

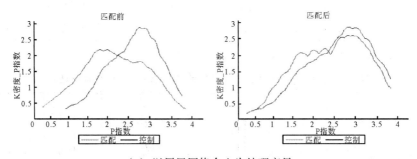

（a）以居民网络介入为处理变量

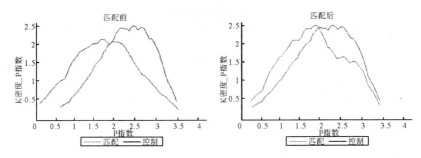

（b）以居民城乡差异为处理变量

图 6-1　匹配前和匹配后的密度系数

6.3.4　内在因果关系的分析与讨论

经过上述倾向值计算、倾向值匹配及平衡性检验可进行如下总结：①从微观层面看，数字经济驱动即居民网络消费介入，使居民由生存型消费向发展型消费转变，是推动居民消费结构性升级的关键要素；②从中观层面看，在排除其他特征变量的影响后，居民城乡差异的处理效应显著，故可认为数字经济发展过程中的居民消费发展变迁不仅存在显著的地区差异，而且这种差异还将反作用于居民消费活动，引起不平衡消费；③从宏观层面看，以居民家庭宽带网络接入为表征的数字基础设施也是引起居民消费实现过程及结构发展的本质原因，这不仅印证了前文所述的关于数字化基础设施影响居民消费实现效应的判断，而且证明了数字经济对于居民消费变迁的作用较其他因素更为有效。

6.4　基于联立方程模型的网络消费实现效应与内生性问题检验

6.4.1　变量设计与数据处理

为进一步检验数字经济环境下居民消费实现与发展变迁的内生机理，部分数据来源与前文一致，即借助前文已获取的截面数据展开微观效应检验。设计变量如 6-8 所示。

表 6-8　内生效应检验的变量选择与说明

	选择	说明
内生变量	居民可支配收入；居民消费行为（CB）、消费习惯（CC）和消费结构（CS）	可支配收入指问卷中受访对象当年可支配收入；居民消费变迁采用李克特五分制量表测量
外生变量	居民所在地 GDP	居民所在省份人均 GDP
控制变量	居民所在地（城市=1，农村=0）；居民性别（男性=1，女性=0）；居民职业类别（OC）	—

6.4.1.1　内生变量

内生变量由模型内部决定，具有交互影响的特征。居民可支配收入不仅是影响消费结构的关键要素，其本身也受居民个体属性、外部经济环境等影响，具有内生特性；同时，研究中，将居民可支配收入、居民发展型消费/居民生存型消费作为内生变量。在数字经济时代，居民消费行为和消费习惯的变革被认为是催生消费结构变迁的中介条件，而两变量自身又是传统要素及新兴业态共同影响的结果，故本书将居民网络消费行为和消费习惯作为内生变量（数值采用前文调研问卷所涉设计的量表测度）。

6.4.1.2　外生变量

内生变量不能反向影响外生变量，但是外生变量的变化会引起内生变量的相应变化，居民消费的宏观经济环境（如 GDP）及其他不受模型内部变量影响的变量如家庭结构为外生变量。

6.4.1.3　控制变量

实证检验中，需控制可能影响居民消费的其他变量，本部分以居民所在地、居民性别和居民职业类别三个变量作为控制变量纳入模型。

首先，通过内生性检验，确定表6-8中各变量之间的内生关系，明晰变量间相互作用的可能性；其次，应用联立方程组模型检验城乡居民消费结构变迁的路径和产生机理。

6.4.2　变量的内生性检验

结合经验，我们采用面板数据模型。本书面板模型的估计，将进一步引入固定效应和随机效应模型，并应用 Hausman 检验来观测两者差异性所在。

个体差异反映在样本上则是每个样本均有一个特定的截距项，对于模型：

$$y_{it} = a_i I_t + X_i \beta + \varepsilon_i \tag{6-9}$$

存在两个假设：$E[\varepsilon_i/X_i, a_i] = 0$ 和 $\mathrm{VAR}[\varepsilon_i/X_i, a_i] = \rho^2 I_t$。假设干扰项 ε_i 与解释变量不相关，且误差项同方差；或者可进一步理解为个体虽存在显著差异，但特定个体组内不存在时间上的差异。个体效应不显著的原假设为

$$H_0 : \alpha_1 = \alpha_2 = \cdots \alpha_N$$

应用 F 统计量检验原假设是否成立，有式（6-10）。

$$F = \frac{(R_u^2 - R_r^2)/(N-1)}{(1 - R_u^2)(NT - N - K)} \sim F(N-1, NT - N - K) \qquad (6\text{-}10)$$

u 和 γ 分别表示受约束的模型和不约束的模型，即固定效应模型和混合数据模型。应用工具软件 Stata 13.0，来估计面板数据模型的固定效应（结果如表6-9所示）。

表6-9　内生性的 Hausman 检验估计量及显著性

内生变量	χ^2 值及显著性		FEM 和 ECM 系数差异及显著性		是否原假设
	χ^2	P	Var（difference）	P	
居民收入	7.01	0.006 1	0.127 0	0.000 0	拒绝原假设
消费行为	−49.95	0.001 2	0.025 6	0.000 0	拒绝原假设
消费习惯	10.00	0.036 5	1.315 0	0.000 5	拒绝原假设

注：Hausman 检验的原假设为随机效应，拒绝原假设的显著性检验的经验值为 $P \leq 0.5$（F 检验）；Var（difference）表示固定效应（FEM）和随机效应（ECM）变量系数差异的协方差。

6.4.3　模型构建与识别分析

联立方程组不仅可以更好地刻画复杂经济系统要素间的关系，而且较好地规避了多元回归中的内生性问题，为探析数字经济条件居民消费过程及结构发展的微观效应，采用联立方程组模型展开实证。

6.4.3.1　联立方程组模型的构建

构建由四个单一方程构成的方程组，即式（6-11）、式（6-12）、式（6-13）和式（6-14）。

$$\mathrm{RE} = \alpha_1^1 + \alpha_1 \mathrm{FS} + \alpha_2 \mathrm{ED} + \alpha_3 \mathrm{GDP} + \alpha_4 \mathrm{Control}_1 + \alpha_5 \mathrm{Control}_2 + \varepsilon_1$$

$$(6\text{-}11)$$

$$\mathrm{CB} = \alpha_0^2 + \alpha_6 \mathrm{RE} + \alpha_7 \mathrm{CFN} + \alpha_8 \mathrm{Control} + \varepsilon_2 \qquad (6\text{-}12)$$

$$\mathrm{CC} = \alpha_0^3 + \alpha_9 CB + \alpha_{10} \mathrm{RE} + \alpha_{11} \mathrm{CFN} + \alpha_{12} \mathrm{Control} + \varepsilon_3 \qquad (6\text{-}13)$$

$$\mathrm{CS} = \alpha_0^4 + \alpha_{13} \mathrm{CB} + \alpha_{14} \mathrm{RE} + \alpha_{15} \mathrm{CC} + \alpha_{16} \mathrm{Control} + \varepsilon_4 \qquad (6\text{-}14)$$

解释各单一方程的经济含义如下：

（1）式（6-11），为居民可支配收入决定模型。模型以居民可支配收入为

被解释变量；微观层面影响居民可支配收入的解释变量设定为家庭结构、学历层次以及居民所在地经济水平（人均GDP）等。以居民城乡差异和居民职业类别为控制变量加入该单一方程。

（2）式（6-12），为（网络）消费行为变迁模型。模型以居民消费行为作为被解释变量，并采用居民数字经济介入行为测量；解释变量有居民可支配收入、居民消费习惯两变量。以居民家庭所在地位为控制变量。

（3）式（6-13），为消费习惯变迁模型。模型以居民消费习惯为被解释变量，以消费行为、居民可支配收入和居民网络介入为解释变量。

（4）式（6-14），为居民消费结构变迁模型。模型以居民消费结构（发展型消费与生存型消费的比值）为被解释变量；以居民可支配收入、消费行为和消费习惯为解释变量。以居民性别为模型的控制变量。

6.4.3.2 联立方程组的识别性检验与分析

分析联立方程的可识别性，通常采用两种方式，即秩条件和阶条件。从模型识别的秩条件看，四个方程均满足模型可识别的必要性条件 $K-k \geq m-1$（其中，K 表示所构建的联立方程组中所有外生变量或前定变量的个数，k 表示某单一方程外生变量的个数；M 表示模型中所有内生变量个数，m 表示某单一方程内生变量的个数）。

构建结构参数矩阵如表6-10所示。

由表6-10可知，结构参数矩阵中，可以找到由该方程排除而其他方程不能排除的变量系数矩阵行列式不为0，结合阶条件的定义，可知所构建的联立方程组模型可过度识别。

表6-10 结构参数矩阵

序号	变量及系数												
	常数	RE	S	D	GDP	B	CFN	C	S	Control	Control	Control	Control
1	1	0	1	0	1	0	1	0	1	1	0	1	0
2	1	1	1	0	1	1	1	0	1	0	1	0	0
3	1	1	1	0	0	0	1	1	1	0	0	0	0
4	1	1	0	1	0	0	0	0	0	0	0	0	1

6.4.4 结构系数估计与检验

研究所构建的模型是一个包含四个内生变量的联立方程组，且模型为过度识别，因此为得到一致且有效的估计，需借助全信息估计法来估计模型。三阶段最小二乘法（3SLS）是全信息估计的主要方法，结果如表6-11所示。

表6-11 联立方程组三阶段估计与检验结果

变量	两阶段最小二乘估计（2SLS）				广义最小二乘估计（GLS）			
	方程1	方程2	方程3	方程4	方程1	方程2	方程3	方程4
常数项	-1.234 6				-0.103 8			
RE		0.987 1*	0.103 0			0.567 2*	0.032 1	
FS	0.460 9				0.102 1			
ED	0.231 4				0.203 3*			
GDP	0.034 2**				0.010 9*			
CB			0.010 9***	0.110 2**			0.011 0***	0.091 3**
CFN		0.091 7	0.108 4**			0.032 5	0.121 0*	
CC				0.401 6**				
CS			0.401 0					
Control$_1$	0.476 5							
Control$_2$	0.098 2	0.301 9		0.051 2**		0.105 7		0.041 7*
Control$_3$			0.401 0				0.390 3	

注：应用统计分析软件 Stata 13.0 进行参数估计与检验，经作者整理而来；* 表示在10%水平上通过显著性检验，** 表示在5%水平上通过显著性检验，*** 表示在1%水平上通过显著性检验。

6.4.5 变迁路径与内生机理讨论：基于消费行为和心理学的分析

6.4.5.1 检验结果分析

表6-10呈现了联立方程组模型参数估计与检验结果：

（1）居民可支配收入受其受教育水平及当地经济发展水平影响显著。从式（6-11）的2SLS估计看，变量ED和GDP的贡献系数分别在10%和5%水平上，通过了显著性检验；家庭结构未通过显著性检验；第三阶段GSL估计中，ED和GDP变量贡献系数虽略有降低，但仍能通过10%水平上的显著性检验。

（2）居民可支配收入和数字经济介入显著影响居民（网络）消费行为。从式（6-12）的参数估计与检验看，其第一阶段OLS和第二阶段2SLS检验中，可支配收入作为传统生产要素，对居民消费行为产生了显著的正向影响；同时，居民数字经济介入（以家庭宽带网络接入时间测度）在三阶段检验中，结构系数估计值分别为1.023 0、0.091 7和0.032 5，且均在5%或1%水平上通过了显著性检验，认为数字经济显著影响了居民消费行为。居民城乡差异作为控制变量，也表现出显著的控制效应，控制系数为0.041 8。

（3）式（6-13）的参数估计与检验结果表征了居民网络消费行为、可支配收入等对其消费习惯的影响。从估计结果看，可支配收入影响系数的三阶段检验结果分别为0.321 0、0.103 0和0.032 1，其中2SLS和3SLS，结构系数计值，并未通过显著性检验；而居民网络消费行为对消费习惯的影响系数三阶段估计分别在1%、5%和5%水平上通过了显著性检验。

（4）式（6-14）的结构系数估计与检验结果揭示了居民消费行为、消费习惯对其消费结构的影响。从检验结果看，上述两变量2SLS估计值，在5%水平上通过了显著性检验；3SLS估计值均通过了5%和10%水平上的显著性检验。

6.4.5.2 检验结果的理论解释

从消费行为学的角度看，居民收入及相关外部环境作为影响居民消费动机、消费决策并最终产生购买行为的传统要素仍是数字经济环境下居民消费及其变迁的主导逻辑；数字经济和居民可支配收入间的关联机理使其在城乡差异的框架下，存在持续引发居民消费的空间分割和结构性失衡的系统性风险，可支配收入出现的差异扩大现象制约着居民消费城乡协同升级。从消费心理的逻辑看，数字经济环境下居民消费的稳定性受到挑战，新事物、新模式和新业态不断涌现的过程中，以主动性为主导的消费行为和消费习惯加快转变，对消费发展的影响体现出内生性，而消费者产生消费需求的必要条件则是在数字环境下如何建立产品认同感。

6.5 本章小结

应用倾向性得分匹配方法对数字经济条件下引起居民消费结构优化的本质原因展开反事实推断。构建指标体系，设计调研问卷，基于家庭消费现状的调查，从微观层面获取城乡居民消费结构的截面数据，检验数字经济发展对于居民实现及消费结构的干预效应。分析中，以城乡居民结构的动态调整（意愿）为结局变量，以家庭结构、月均收入、年龄阶段、受教育程度等为协变量，构建 Logistic 模型，计算倾向性得分；进而借助最邻近匹配方法展开倾向性匹配。研究认为：以互联网接入为表征的数字经济发展显著促进了居民消费实现过程与消费结构发展，是引致消费结构升级的内因。从区域差异看，城乡差异对居民消费结构发展的影响也显著，相对于农村居民而言，城镇居民在享受型、发展型消费领域的支出更高。本部分研究验证了数字经济条件下居民消费结构发展变迁的动力之源，并印证了消费的城乡区域差异。

7 数字经济环境下中国居民消费实现效应的宏观实证分析

数字经济时代，由于互联网基础设施的不断发展与完善，深刻改变了中国居民的消费习惯，消费行为以及消费环境，对中国居民的消费产生了很大的影响。在宏观层面，居民消费实现受互联网发展环境影响存在脉冲效应和间接效应。鉴于此，本章从量的角度出发，以互联网普及率、移动电话普及率及网络购物渗透率等为变量，构建模型分析居民消费实现的机理。通过面板数据单位检验、格兰杰因果关系检验和脉冲响应检验等，观测互联网发展水平差异对我国城乡居民消费实现影响的效应。

7.1 指标选取与数据来源

7.1.1 指标选取

我们依然选取了前文提到的互联网普及率、移动电话普及率、网络购物渗透率以及网上支付渗透率作为衡量数字经济水平的代理指标，不同的是本章采用的被解释变量是中国居民的人均消费支出。

7.1.2 数据来源

数字经济水平指标的数据主要来源于历年《中国互联网络发展状况调查统计报告》，消费与收入的数据来源于历年《中国统计年鉴》。面板数据采用中国 31 个省、自治区、直辖市的 2001—2019 年统计年鉴数据（不包括中国香港、澳门和台湾地区数据）。

7.2　模型设定与说明

早期计量经济模型的建立大多是以经济理论为支撑的，任何事物都有一定缺陷，这种建模方式也不例外，当经济理论在有些时候并不能对变量间的动态联系做出合理有力的进一步的解释时，我们就应采取一定方法进行有效的确定和处理。因此，本章在进行具体的实证分析当中，将采用面板向量自回归模型（Panel-VAR）。

20 世纪 80 年代初，Sims（1980）将向量自回归模型引入经济学中，具体分析经济问题，它促进了计量经济学中关于经济系统的动态性分析。随后，VAR 模型更是作为一个重要的工具被应用到时间序列分析中，且已经得到了非常广泛的应用。然而，该模型同时也具有一定的缺陷，即在实际应用过程当中往往要求实证样本需要具有相当长时间跨度的时间序列数据，然而在现实中，大量的研究工作可能出于各种原因而并不能拥有长时间的序列数据，这就造成了这种情况下无法使用 VAR 模型。

于是，为了克服这一缺陷，众多学者相继做了大量的努力工作，直到 1988 年 Holtz-Eakin 率先将 VAR 模型扩展至面板数据模型中，进一步地提出了面板向量自回归模型（Panel-VAR），该模型的主要思想和传统的 VAR 模型相似，不同的是在缺乏长时期的时间序列数据时我们可以引入短序列的面板数据进行分析，克服上述的缺陷，使变量间的内化关系和在模型中出现的组间异质性等问题均得到很好处理。面板 VAR 模型的具体形式如下。

$$y_{it} = \sum_{l=1}^{m} \Gamma_l y_{it} - l + \eta_i + \gamma_t + \varepsilon_{it} \qquad (7-1)$$

其中，$i = 1, 2, \cdots, N$；$t = 1, 2, \cdots, T$。y_{it} 是模型中所有内生变量的 k 维列向量，表示在第 t 个时期第 i 个横截面的所观测到的变量；$k \times k$ 维的矩阵 Γ_1 就是我们即将要被估计的系数矩阵；m 为滞后阶数；η_i、γ_t、ε_{it} 均为 k 维的列向量，分别表示固定效应，时间效应以及服从正态分布的随机扰动项。

7.3　模型检验与分析

本书实证分析的主要思路分为下六步：

第一步，进行面板单位根检验，以确保模型中的各个变量都具有相对平稳性。

第二步，确定最优的滞后期和模型整体稳定性检验，建立正式的面板VAR 模型，再进行模型拟合、脉冲响应函数以及方差分解。

第三步，运用广义矩估计（GMM）对面板 VAR 模型进行参数估计，分析数字经济对中国居民消费水平的动态影响。

第四步，进行格兰杰因果检验（使用原始数据），以确定这些变量之间的因果关系。

第五步，绘制脉冲响应图，展示中国居民消费水平对自身的冲击。

第六步，方差分解分析，当前面步骤完成后，可以进行方差分解来确定不同的影响因素对于消费增长的贡献率。

7.3.1 面板单位根检验

基于伪回归的出现以及一种单位根检验方式可能存在偏差，本书分别对这些变量进行了检验，结果见表 7-1。

表 7-1 单位根检验

变量	LLC	Breitung	IPS	ADF	PP	检验结果
c	−1.236 9	−1.297 8*	3.764 5	23.301 7	18.979 7	不平稳
i	−3.877 7***	6.469 7	0.546 7	74.232 8	68.164 2	不平稳
ipr	−8.515 1***	2.020 8	0.308 7	69.057 2	120.461***	不平稳
mpr	−1.792 8**	−2.669 1	4.031 5	33.213 1	76.462 6	不平稳
osp	−2.533 2**	0.716 7	2.603 9	53.480 5	64.859 1	不平稳
npp	4.036 6	1.972 1	−0.734 1	82.383 1*	156.420	不平稳
Δc	−20.596 8***	−0.042 0*	−9.374 8***	213.506***	181.518***	平稳
Δi	−10.785 9***	7.044 0*	−2.756 3***	113.782***	133.505***	平稳
Δipr	−9.299 5***	1.291 9*	−3.797 71***	119.730***	162.498***	平稳
Δmpr	−19.991 4***	−0.804 2***	−10.366 7***	232.671***	310.344***	平稳
Δosp	−26.509 9***	−1.966 7**	−13.386 3***	273.696***	334.884***	平稳
Δnpp	−10.425 4**	−1.991 6***	−2.702 2***	143.036***	331.541	平稳

注：*、**、*** 分别表示 10%、5% 和 1% 显著性水平显著。

从表7-1中可以看出，这些变量均是非平稳的，但是它们经过一阶差分后又是平稳的，其经济含义可能发生变化，而我们在研究中希望运用原序列进行回归，就需要进一步做协整分析。

7.3.2 面板协整检验

由上节的面板单位根检验可知，还需要进行协整检验，确保变量之间存在长期且稳定的均衡关系。面板数据的协整检验方法一般可以分为两大类，一类是建立在 Johansen 协整检验基础上的面板协整检验，另一类是 Kao 检验和 Pedroni 检验。本书中运用的方法是 Kao 检验和 Pedroni 检验。结果如表7-2所示。

表7-2　面板 Pedroni 协整检验结果

检验方法	假设检验	统计量名称	统计量值	P 值
—		面板 v	−2.526 6	0.994 2
Pedroni 检验	$H_0: pi=1$ $H_1: (pi=p)<1$	面板 rho	−2.897	0.001 1
		面板 PP	−3.014 8	0.001 3
		面板 ADF	−9.087	0.000 0
	$H_0: pi=1$ $H_1: pi<1$	组间 rho	−1.281	0.097 6
		组间 PP	−6.674 4	0.000 0
		组间 ADF	−9.721	0.000 0
Kao 检验	$H_0: p=1$	ADF	−3.897 4	0.000 0

由表7-2可以看出，无论是哪种检验方法，都充分证明这些变量之间存在长期稳定均衡的协整关系。

7.3.3 最优滞后阶选择

在构建 VAR 模型前，我们必须确定最优的滞后期，滞后期太大或太小都会产生不同的影响，因此，我们通过不同变量对所有变量的滞后期进行回归的方式，去探究变量间的动态关系。采用 AIC、SC 等最小准则的方法来进行滞后期的确定。

运用 spss 20.0 软件进行分析，检验面板 VAR 模型的滞后阶数。结果如表7-3所示。

表 7-3　VAR 模型滞后期检验

Lag	LogL	LR	FPE	AIC	SC	HQ
0	−309.971 9	NA	8.65e+10	39.371 4	39.612 9	39.383 8
1	−210.768 9	124.003 7	9 811 043.	30.096 1	31.544 7	30.170 3
2	−88.433 6	76.459 5*	199.699 0*	17.929 2*	20.584 98*	18.065 2*

注:* 表示据此信息准则,该滞后阶数的选择是最优的。

由表 7-3 中可知,在 5 个评价指标中都认为应建立面板 VAR(2)模型,因此,我们可建立面板 VAR(2)模型。

7.3.4　模型的参数估计

运用 Spss 20.0 软件进行分析。估计结果见表 7-4。

表 7-4　面板 VAR 模型的参数估计结果

	c	ipr	mpr	osp	npp
c(−1)	1.155 990	0.114 026	−0.137 702	0.333 803	0.641 002
	(0.466 10)	(0.135 80)	(0.340 36)	(0.283 00)	(0.347 61)
	[2.480 12]	[0.839 64]	[−0.404 58]	[1.179 54]	[1.844 01]
c(−2)	0.452 578	−0.057 237	−0.041 598	−0.306 025	−0.212 488
	(0.607 99)	(0.177 14)	(0.443 96)	(0.369 14)	(0.453 43)
	[0.744 39]	[−0.323 11]	[−0.093 70]	[−0.829 02]	[−0.468 63]
ipr(−1)	0.619 257	0.320 695	0.023 603	2.140 369	2.000 966
	(1.600 95)	(0.466 46)	(1.169 05)	(0.972 02)	(1.193 97)
	[0.386 81]	[0.687 52]	[0.020 19]	[2.201 97]	[1.675 89]
ipr(−2)	0.242 603	−0.754 079	−0.475 677	−0.631 153	−0.994 133
	(1.262 02)	(0.367 70)	(0.921 56)	(0.766 24)	(0.941 20)
	[0.192 23]	[−2.050 78]	[−0.516 17]	[−0.823 70]	[−1.056 24]
mpr(−1)	0.512 923	0.471 237	0.313 388	0.740 625	0.279 893
	(0.823 86)	(0.240 04)	(0.601 60)	(0.500 21)	(0.614 43)
	[0.622 58]	[1.963 15]	[0.520 92]	[1.480 63]	[0.455 54]
mpr(−2)	1.337 557	0.181 228	0.728 442	−1.369 697	−1.068 324

表7-4(续)

	c	ipr	mpr	osp	npp
	(0.860 53)	(0.250 72)	(0.628 38)	(0.522 47)	(0.641 77)
	[1.554 34]	[0.722 82]	[1.159 24]	[−2.621 56]	[−1.664 64]
osp (−1)	0.349 354	0.023 506	0.103 055	0.857 513	0.258 788
	(0.767 59)	(0.223 64)	(0.560 51)	(0.466 04)	(0.572 46)
	[0.455 13]	[0.105 10]	[0.183 86]	[1.839 99]	[0.452 06]
osp (−2)	0.506 837	−0.118 240	−0.291 357	0.533 182	0.429 652
	(0.750 82)	(0.218 76)	(0.548 27)	(0.455 87)	(0.559 96)
	[0.675 04]	[−0.540 50]	[−0.531 41]	[1.169 60]	[0.767 29]
npp (−1)	0.349 354	0.023 506	0.103 055	0.857 513	0.258 788
	(0.767 59)	(0.223 64)	(0.560 51)	(0.466 04)	(0.572 46)
	[0.455 13]	[0.105 10]	[0.183 86]	[1.839 99]	[0.452 06]
npp (−2)	0.506 837	−0.118 240	−0.291 357	0.533 182	0.429 652
	(0.750 82)	(0.218 76)	(0.548 27)	(0.455 87)	(0.559 96)
	[0.675 04]	[−0.540 50]	[−0.531 41]	[1.169 60]	[0.767 29]
R^2	0.999 3	0.999 5	0.999 4	0.995 9	0.990 6
F 统计量	2 353.383	3 561.970	2 651.822	367.055 7	159.895 2
对数似然值	−94.953 0	−98.740 1	−0.563 9	−23.838 6	49.136 9

注：小括号中的数字表示相应回归系数估计量的标准差，中括号中的数字表示相应回系数估计量的 t 统计量的值。

从表7-4可以看出，模型的 R^2 均在0.99以上，表明模型的整体拟合比较好。传统的单一方程模型结构简单，我们通过其估计结果就可以进行分析，但是面板 VAR 模型由于其多方程的性质导致其结构较为复杂。下面本书通过特征根来检验模型是否稳定，并做进一步分析。

7.3.5 模型的稳定性检验

从图7-1可以发现，单位根均落在了单位圆内，说明模型的确是稳定的。下面我们将进行格兰杰因果检验、脉冲响应函数以及方差分解。

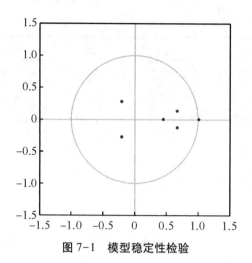

图 7-1　模型稳定性检验

7.3.6　格兰杰因果关系检验

虽然我们建立的面板 VAR 模型是显著的，但不能忽略一个事实：经济变量中有一些变量虽然显著相关，但无实际意义，这就需要通过进一步验证，确定变量间的因果关系。下文中检验这五个变量之间的因果关系结果如表 7-5 所示。

表 7-5　格兰杰因果分析

零假设	目标数	F 统计量	P 值
c 不是 ipr 的原因 ipr 不是 c 的原因	16	6.041 9 5.739 1	0.017 0 0.019 6
c 不是 mpr 的原因 mpr 不是 c 的原因	16	1.802 7 4.619 1	0.210 3 0.035 0
c 不是 osp 的原因 osp 不是 c 的原因	16	3.823 7 9.286 7	0.054 9 0.004 3
c 不是 npp 的原因 npp 不是 c 的原因	16	1.326 3 4.359 3	0.304 8 0.040 3

表 7-5 的检验结果表明，在样本区间内居民的消费与网络购物渗透率存在互为因果的关系，说明网络购物在国民经济增速下降的背景下却能显著地提升居民的消费水平。而其他数字经济的三个指标互联网普及率、移动电话普及率以及网络支付渗透率都是引起居民消费的格兰杰原因，说明随着数字经济的进一步发展对中国居民的消费产生了巨大的作用，经研究发现，我们认为这种作用主要是正向的促进作用。另外，检验结果表明，居民消费水平的增加并不能带来数字经济的发展，虽然已有文献指出，居民消费与数字经济应当存在互

为因果的关系，但在本书的分析中却未能得出相一致的结论，可能是数据或者统计方面的原因所导致的，针对这一问题还需要进一步研究。

7.3.7 脉冲响应函数分析

传统的模型通常只能分析变量间的具体关系，却不能显示二者之间影响过程的动态作用，而脉冲响应函数却可以做到变量二者之间全部的动态关系，对于分析类似本书的这种关系具有重要意义。

图7-2的脉冲响应函数分别展示了中国居民消费水平对自身的冲击，以及互联网普及率（ipr）、移动电话普及率（mpr）、网络购物渗透率（osp）以及网络支付渗透率（npp）对中国居民消费水平的冲击。

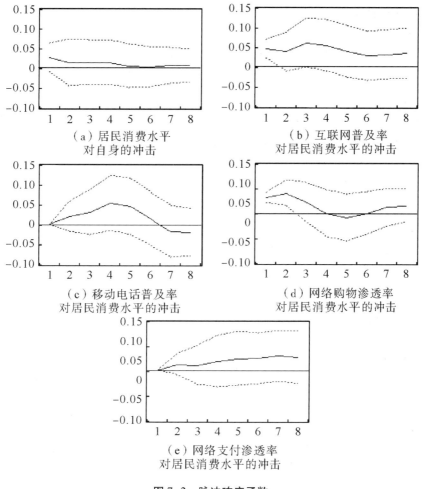

图 7-2 脉冲响应函数

从图 7-2 我们可以发现，居民的消费水平在受到自身的冲击之后迅速反应为正，并且呈现出逐步收敛的趋势，说明居民消费行为存在"惯性效应"，并且其惯性系数经历了由高到低，再由低到高的"U"形变化。随着中国经济不断发展进步，居民在消费方面的习惯性特征越来越明显（毕玉江，裴瑱，2016）[①]。

当居民消费水平受到互联网普及率（ipr）的冲击之后，经历了先下降再上升再下降又上升的过程，但在整个时期内都显著为正，说明随着互联网技术在全国范围内的普及，有效地促进了居民消费水平的上升。近年来互联网技术的蓬勃发展以及中国基础设施的不断完善，带来了互联网普及率的不断提高，互联网的特点决定了其对消费者的行为活动能够带来颠覆性的变革，也使得消费者的购物信息成本大幅下降，极大地促进了居民的消费（温雪 等，2019）[②]。

当居民消费受到移动电话普及率（mpr）的冲击之后，居民的消费水平迅速做出正向的反应，并且大幅上升，在第四期之后逐步收敛，并在第七期降为0，说明随着智能手机的广泛应用，推动了一系列新的商业模式的开发速度，使得传统的线下贸易现金支付等模式被网络支付、电子商务等新业态所取代。并且随着近年来 5G 技术的突破，无论是人工智能还是大数据、物联网，智能手机都能发挥其特有的作用。随着经济的进一步发展，智能手机达到饱和状态，因此，其影响逐步变弱。与电脑相比，智能手机的发展更能对中国消费产生作用，另外，智能手机的使用门槛相较于电脑来说更低，且智能手机的价格也相对便宜，使用费用相对低廉，已经逐步成为中国居民主要的上网渠道。

消费在受到网络购物渗透率（osp）的冲击之后，呈现出上升的趋势，并且在整个时期内都促进居民消费的提升。其原因可能有两点：第一，网络购物的出现，降低了商家的交易成本，也就因此降低了商品的价格，按照消费者效用理论，这就相当于在无差异曲线不变的情况下，增加了消费者的预算约束，从而提升了消费者的消费水平；第二，虽然中国的城镇化进程在不断加快，但不可否认的是中国还有绝大多数的农村地区，农村地区以及农村人口数量依然占据绝大多数。因此，农村地区的消费潜力巨大。由于中国广大农村地区的线上交易活动相对滞后，商品无论是品质还是品牌都相对较低，商品较为单一，

[①] 毕玉江，裴瑱. 消费惯性作用下农村居民和城镇居民消费影响因素的差异研究 [J]. 经济经纬，2016，33（5）：120-125.

[②] 温雪，吴定伟，潘明清. 互联网、社会资本与农村居民消费 [J]. 消费经济，2019，35（4）：47-54.

可选择性不强，随着网络购物以及物流的不断发展，这些地区的消费者可以实现跨境消费，可以获得本地区较难买到的商品，无形中促进了社会的消费提升（秦芳 等，2017）[①]。

消费在受到网络支付渗透率（npp）的冲击之后，呈现出上升的趋势，并且在整个时期内都促进居民消费的提升。网络支付是电子商务不断发展而兴起的一种新型的支付手段，网络支付具有快捷、高效、便利等特点，逐步被中国居民所认可并成为首选的支付方式，这种现象的出现不仅提升了居民消费水平，也改变了居民的支付行为。其对居民消费的影响主要有以下几点：第一，网络支付扩大了居民的预算约束，越来越多的人尤其是年轻人群体更加依赖网络支付（王晓彦 等，2017）[②]。这可能有以下几点原因：首先，由于网络支付避免了外出时需要携带现金的必要，不仅减少了出行负担，也增加了自身的财务安全，其次，当人们使用网络支付消费时，不仅减少了现金支付时那种强烈的"痛苦感"，反而增加了消费的"愉悦感"，使得消费者获得更多的享受商品带来的满足感。最后，不同的网络支付平台通常会不定期地推出各种优惠活动促进居民消费，以及分期购物等手段的流行极大地放松了消费者的预算约束，从而激发消费潜能、促进了居民消费。第二，网络支付在无形中扩大了居民消费的范围。网络购物需要一个较为安全、快捷、低成本的中间支付平台也就是网络支付，从而可以让消费者在网络上顺利地进行各种交易活动，也间接打破了电子商务发展的支付瓶颈，居民的各种消费需求，都可以随时随地打开电脑或手机得到满足。第三，网络支付还会使消费者获得额外收益，国内众多网络支付平台大多推出了理财产品，不仅可以赚钱而且在消费时随时可以转化为消费。消费者能够快速地将储蓄转化为投资，也可以随时将收益转化为消费，从而促进消费者消费。

总体来说，数字经济极大地促进了居民消费水平的提升。

7.3.8 方差分析

模型中不同变量之间的动态关系主要通过脉冲响应函数来体现，而要研究每一个冲击引起的变化的贡献程度，则需要进行方差分解。它事实上是一个信息的计算过程，接下来，对模型进行方差分解，结果如表7-6所示。

---

① 秦芳，吴雨，魏昭. 网络购物促进了中国家庭的消费吗：来自中国家庭金融调查（CHFS）数据的经验证据 [J]. 当代经济科学，2017，39（6）：104-114，126.

② 王晓彦，胡德宝. 移动支付对消费行为的影响研究：基于不同支付方式的比较 [J]. 消费经济，2017，33（5）：77-82，97.

由表 7-6 我们可以看出，居民消费自身对其的贡献度虽然不断下降，但数值依旧最大，并在第十期达到 55.9%。其他数字经济的因素对居民消费的影响不断上升，在第十期达到 44.1%。其中网络支付渗透率对居民消费的影响效应最大，占到了总体影响的 13.42%，其次是移动电话普及率以及网络购物渗透率。

表 7-6 方差分解结果

时期	c	ipr	mpr	osp	npp
1	100	0.00	0.00	0.00	0.00
2	93.05	1.99	2.55	1.35	1.06
3	87.12	2.84	6.51	2.05	1.48
4	83.57	4.45	7.73	2.6	1.65
5	82.33	4.41	6.9	3.73	2.63
6	79.2	5.31	7.5	4.2	3.79
7	76.3	5.42	7.8	5.16	5.32
8	68.5	6.66	9.13	6.46	9.25
9	63.45	7.5	10.52	6.84	10.69
10	55.9	8.45	12.57	9.66	13.42

7.4 本章小结

基于建立的面板向量自回归模型，详细分析了数字经济对中国居民消费水平的影响，认为数字经济的发展，对中国居民的消费水平起到了一个正向的促进作用，促进了中国居民消费水平的升级，另外我们还发现，互联网普及率、移动电话普及率、网络购物渗透率以及网络支付渗透率的提高，对中国居民的消费增长与升级产生的作用会越来越大，越来越显著。

以互联网普及率（ipr）、移动电话普及率（mpr）、网络购物渗透率（osp）以及网络支付渗透率（npp）四个指标，来衡量的数字经济发展水平，对城乡居民的消费水平及消费能力有显著的促进作用，但互联网普及率产生的影响较小、移动电话普及率产生的影响最大，其可能的原因是中国智能手机的价格普遍偏低，而互联网消费的成本偏高，随着国务院提出"提速降费"措施的进一步实施，未来这一现象将长期存在。

基于以上数字经济条件下对中国居民消费水平的实证分析，给出以下建议：

第一，提升中国的互联网基础设施建设，主要是落后地区的网络建设，目前城市与农村，东部与西部存在明显的"数字鸿沟"，我们需要填补这方面存在的差异空白，建立全面的网络服务体系，进一步提升中国居民的互联网普及率，并且要积极的促进网络与消费的结合。

第二，加强互联网人才队伍的建设，通过技术培训，提升中国居民应用互联网与经济结合的能力，不仅要让广大网民学会使用互联网便利自身的生活，也要让其具有防范互联网中可能存在风险的意识。

第三，建立完善的移动电话服务体系。随着大数据、移动互联网、5G 时代的来临，数字经济一定会迎来新的机遇，同时手机作为中国欠发达地区的主要上网方式，未来对于消费的拉动具有重要意义。

第四，进一步完善中国的物流体系。物流是接连网络购物与消费者的桥梁，对数字经济的发展具有重要意义。物流的服务质量直接影响到数字经济交易活动进行的成败，因此，必须要加大对物流的投入，并提升其服务水平。

第五，完善网络支付体系。网络支付直接关系到了消费者的切身利益，各级政府、相关部门采取适当的监管手段，借鉴国外发达国家的先进经验，加强相关法律法规建设，确保网络支付在法律规定的范围内有效运转。

8 结论、对策建议、不足与展望

8.1 结论

数字经济新业态下，居民消费在消费方式、消费习惯、消费行为和消费结构等方面呈现出新的特征。本书以数字经济条件下居民消费实现效应及优化升级为研究对象。首先，通过资料检索，分析中国居民消费变迁的现状，并基于时间序列数据进行统计分析和计量分析如典型相关分析、格兰杰因果检验等，阐释了改革开放特别是 1990 年以来，中国城乡居民在生存型消费、享受型消费和发展型消费三大领域的支出结构及其变迁趋势，分析了中国居民消费变迁的基本特征和结构特征；其次，识别数字经济环境下居民消费变迁的影响因素，并应用古典经济学理论解释影响效应；最后，应用倾向性得分匹配和联立方程组模型实证检验居民消费过程的影响效应。

本书得出以下研究结论：

第一，数字经济环境下中国居民消费呈现出一些新特征、新模式。中国电商消费快速增长，"90 后"消费潜力巨大，网络消费成为居民消费的支柱等；同时，居民消费变迁与数字经济增长（以通信产业增加值为表征）具有明显的一致性，城乡居民消费结构特征表现出由生存型消费向享受型和发展型消费动态调整的趋势明显。1990 年以来，城镇居民已经由以食品、衣着等为主的生存型消费主导逐步调整为以娱乐、教育为主的发展型消费主导；消费结构调整的同时，消费质量和消费层次也稳步提高；从影响因素上看，除传统要素外，以电子商务为主的数字经济基础产业快速成长，不仅驱动了居民消费规模的增长，还引发了居民消费结构的优化。基于时间序列数据的格兰杰因果关系检验认为，数字经济基础产业增长是引发居民消费结构发展变迁的原因。

第二，通过构建面板数据模型，实证分析了数字经济环境下，中国居民消费实现过程的总体效应。总体效应的实证结果显示，数字经济环境对中国居民消费水平升级和结构优化起着显著的推动与影响作用且存在明显差异性。整体来看，数字经济对中国居民的消费总支出以及不同的消费结构的影响均呈现正向影响效应。

第三，在微观分析中，数字经济新业态是引发城乡居民消费结构变迁的内因并与居民消费实现过程具有显著的内生性。研究认为，居民网络介入对于城乡居民消费结构的处理效应显著，而城乡差异并未表现出显著的处理效应。联立方程模型结果显示，居民可支配收入与居民网络消费行为存在内生性，即作为传统要素的居民收入显著影响居民线上购物行为，而网络消费行为又会反作用于居民可支配收入；居民消费行为显著影响居民消费习惯，但消费习惯对消费行为的影响未被实证检验证实；居民消费行为和消费习惯对居民消费结构的影响均显著，且数字经济条件的居民消费结构仍受居民可支配收入和城乡差异等的制约。

第四，在宏观层面，基于建立的面板向量自回归模型，实证分析了数字经济对中国居民消费水平的影响，认为数字经济的发展，对中国居民的消费水平起到了一个正向促进作用，促进了中国居民消费水平的升级，另外我们还发现，互联网普及率、移动电话普及率、网络购物渗透率以及网络支付渗透率的提高，对中国居民的消费增长与升级产生的作用会越来越大，越来越显著。

8.2 对策建议

随着网络通信的日益更新换代，中国整体居民互联网普及率和使用率已经达到世界发达国家的水平，在此背景下的居民消费需求、消费支出以及消费结构不断升级，由此可看出数字经济对居民消费升级和经济发展有重大影响。不仅通过消费者行为、习惯对其消费产生直接影响，而且通过间接影响收入、生产结构等决定消费的因素进而影响居民消费升级。政府在其中所扮演的角色就是加快建造一个能保持网络更新换代能力、促进网络消费、网络生产结构等创新能力的良好数字经济环境，在此基础上，消费结构才存在升级的可能性。网络背景下消费升级所要关注的核心还是消费，但这种环境下消费的范畴和消费支撑也是需要关注的。没有网络支撑下的网络信息化系统体系建设（包含信息化设施、各种类型服务、市场法律法规），就不会有建造在此之上的消费升级。虽然，在消费中，收入才是其主要、决定、核心的变量，但数字经济所带来的消费行为、消费模式、收入结构、消费结构等的变化都对消费升级产生了巨大的推动作用。以政府各部门为引路人，协调各方，促进加大分工协作的步伐，以网络技术创新为先导，以科研教学机构、中介组织为适当补充，形成一套完整的数字经济环境下消费升级且可持续发展体系：政府引导—市场运作—法律支撑—社会协同—企业创新发展—消费者消费能力增强。

根据本书对数字经济环境下中国居民消费现状的分析以及对消费影响因素的分析，本研究发现数字经济环境下居民消费中产业组织与市场垄断、基础设施与基本服务的配套体系不健全以及消费者自身收入不足、消费理念不同是网络消费难以升级的主要原因。并且，实证结果也证实了网络支付渗透率、移动电话普及率等以及居民收入、消费理念等对网络消费升级具有重要的意义。因此，本部分主要从数字经济整体产业发展的相关政策、居民网络消费基础设施建设以及居民网络消费意识三方面提出针对性建议。

8.2.1 完善数字经济产业发展政策

当前，数字经济发展对于增加居民就业、增加居民工资性收入和财富性收入具有明显的积极效应，政府应通过政策支持，积极发挥并放大这种效应，在与现行产业政策、财政政策、税收政策、金融政策及创业就业政策体系有效融合的基础上，针对数字经济与网络消费，进行政策创新，激发企业及居民生产、消费、就业创业活力与积极性，促进数字经济高质量发展，促进居民收入与财富的有效增加，促进居民网络消费水平升级与结构优化。

8.2.1.1 数字产业支持政策

产业政策主要针对与网络生产、消费及网络科技与电子商务密切相关产业的创新发展行业优先领域目录、行业进入退出机制、科技创新补贴等支持性政策，以达到促进相关网络企业的孵化、成长、壮大、有序竞争的目的，以财政专项资金、产业扶助资金以及相关的创新孵化基金等作为资金的来源，在技术、人才、管理、销售等领域设计有效的政策及措施，帮助该类企业成长壮大，合理竞争，促进该类企业合作与兼并及规模壮大和竞争力增强，以期满足居民不断增长的网络产品消费需求，提高居民消费水平，改善居民消费结构，实现居民网络消费升级的目标。

8.2.1.2 财政直接支持与间接补贴政策

财政直接支持与间接补贴政策主要指以利用财政资金直接投入等支持形式，针对数字经济环境下的企业投资创业、创新发展及居民的网络消费进行直接资金支持，这种财政资金的特点是直接性支持。间接补贴政策主要体现在对该类网络生产消费及服务企业进行间接财政补贴，包含研发支出补贴、就业支出补贴、技术升级费用和会员费用补贴、专利应用费用补贴等。对居民网络消费的间接补贴政策主要体现在对居民的网络消费行为与商品方面的补贴。同时，针对地区间、城乡间的居民收入差距，政府可以有针对性地采取支持中西部数字经济发展的财政资金补贴与专项资金投入以及利用税收优惠等措施促进东部与中西部的对口帮扶产业和企业，吸引东部网络企业向中西部迁移，促进中西部居民就业，增加其收入，在一定程度上可以防止地区间居民收入差距的持续扩张与分化，进而促进地区间居民网络消费的合理化与均衡化发展。

8.2.1.3　基于政府信用的金融支持政策

立足政府信用基础，充分发挥政府信用的独特作用，实施基于政府信用的金融间接支持政策。基于政府信用的金融支持政策主要指以政府信用为担保，进行金融创新，网络中小微企业（包括现代网络科技服务企业）如果向政府政策性金融机构或开发性金融机构提出贷款要求，则更易获得政策性金融机构或开发性金融机构的贷款。此外，政府也可以通过财政资金与私人资金的结合，引导社会资金以权益投资的形式流向相关网络企业及网络基础设施项目的建设，在保证网络中小微企业有足够发展、成长资金的情况下，实现该类企业的可持续发展，提高网络企业员工收入，扩大员工财富来源，从而最终促进数字经济环境下的居民收入与财富增长，促进居民网络消费的合理增长及结构优化。

8.2.1.4　数字经济税收优惠组合支持政策

该税收优惠政策主要针对与数字经济领域及消费相关的中小微企业和个体户，以企业所得税减免、投资抵免、费用扣除、降低税率、商品退税、提高税收起征点等税收优惠组合支持政策的形式进行，促进相关网络企业和个体户能持续、健康地发展下去。尤其是网络技术创新研发等领域的网络企业，政府更要加大税收优惠扶持政策，以较低的个人所得税和企业所得税税率进行所得税的缴纳，同时当企业进行专门设备投资时考虑对其设备额的一定比例进行费用扣除和税收减免。此外，网络零售的增值税也按13%的低的增值税税率缴纳，争取在可能的范围内对数字经济领域就业创业的企业提供较优惠的税收政策，支持其发展，以此来促进网络就业创业人员的收入增加及消费水平的不断提高与结构优化。

8.2.1.5　数字经济就业与创业支持政策

因为网络在中国发展的时间较短，现行的就业创业政策远远不能满足扩大的网络就业创业群体，还不能更有效、更宽范围地辐射到所有网络就业创业人员，因此促进新型就业扶持政策以适应数字经济环境下消费者的就业创业，使其成为稳定居民收入的一大支撑。也就是说，在新的环境下，现行就业创业政策已不能满足网络的变化和发展，推出新的政策是大势所趋。首先就是要制定新型数字就业创业的标准，以政府作为制定政策的主导机构，以财政补贴和支出作为资金支持，以网络企业、网络就业创业人员、高校研究机构作为参与者和补充者，研究制定出真正面向网络就业创业人员，保障网络就业、扶持网络创业的政策，有效促进网络就业创业企业与人员的快速发展，为居民增加合理收入，同时促进居民网络消费升级。

8.2.1.6　强化网络发展的公共技术支持政策

网络信息行业基础设施和公共技术服务体系是该行业内企业得以生长、发展的土壤，不具备一定的网络基础设施和公共技术服务能力，该行业内企业也就无法持续成长下去。需要注意的是，基础设施如网络信息技术更新及设备、大数据技术及设备、智能技术及智能设备、电子通信技术及设备、物流设施等都是为网络中小企业、网络就业创业提供基础的公共技术和通用设备，只有不断地对其进行自主创新和健全，网络中小企业才能不断地发展进步。目前要强化网络公共技术服务支持政策，对于如管理咨询、信息整合、人才培训、网络推广等网络公共服务也需要政府给予关注和支持，以政府各部门协同工作的形式促进该公共服务体系的建立健全，以达到规范经营的标准和规范经营的场所环境要求以及降低网络企业运营成本等目的。以技术与服务为主的双向体系的建立与机理健全，形成合力，共同促进网络中小企业的生产消费与服务的持续发展与高质量发展。

8.2.2　完善居民网络消费基础设施与建设

8.2.2.1　完善健全网络消费的物流配送基础设施建设

物流作为促进消费升级"体"的"线"的存在，是关乎消费升级最终是否实现的强大后盾，建立健全以网络信息系统和现代物流配送中心为支撑的物流配送体系，即电子商务物流基地，是适应现代消费发展的必然要求和应有之策。这一物流配送体系将在网络的铺设下形成广范围、宽领域的覆盖，辐射全国居民，满足居民日益增长的网络消费需要。

物流配送基础设施是物流配送的基础所在，没有基础设施的建设就不会有现代物流业的迅速发展。据智研咨询 2014 年研究报告，目前中国有 5.5 亿平方米的物流设施，其中可以达到现代物流设施标准的只有不到 1 亿平方米。相对于过多的人口和不断增长的物流需要，这一现代物流基础设施远远不够。因此，政府应积极采取措施促进现代物流基础设施建设，不仅在投资建设、购买设备、土地使用等方面给予财政支持、税收优惠和融资贷款保证，还要加快物流现代公共服务体系的建设，政府服务以信息化、社会化、法治化、发展化的方式促进物流基础设施建设。同时，有效结合现有的物流商贸体系，建设物流信息协同服务平台和配送系统。充分发挥第三方物流作用，积极培育现代物流企业，努力提高物流朝向专门化、服务化、现代化、信息化、智能化、社会化的方向发展，建设一流的物流企业。

8.2.2.2 加快快递行业创新与转型升级，服务并促进居民网络消费

以物流基础设施作为基础的快递行业是网络消费流通的载体，只有物流基础设施建设和快递服务相结合时，才能有效促进网络消费的快速发展。在当前面临的一个重要问题是服务网络消费存在所谓"最后一公里"的问题，如何使得快递服务在最靠近消费者的地方提供最满意的服务，充分满足消费者日益增长的网络消费的快递需求，成为制约快递业务创新与转型升级、居民网络消费提升的关键因素。这就需要政府作为公共服务体系的制定者和执行者，妥善处理快递迅速发展和交通管理之间的矛盾，在鼓励快递企业创新自身运营机理时，有效安排好快递车辆和城市交通车辆，在此基础上解决当前快递所面临的"最后一公里"问题，快递企业在政府的帮助下能够有效链接网购商品与消费者直接的交易，更好地服务并促进居民网络消费。同时，在快递行业转型升级中，加强快递与其他企业的联系，使快递行业尽快融入产业链、供应链及服务链中去；有效地促进当前快递企业向全面型、综合型快递企业转型升级，为网络零售与网络消费者搭建更好的物流沟通平台，解决物流系统的诸多问题，更好地服务并促进居民网络消费。

另外，也需要有效整合优化快递服务业务以及业务间系统、协同发展。任何消费与销售都存在周期性，网络零售的淡旺季的存在使得快递业务量不协调、不平衡的问题产生。针对这一问题，国家相关部委专门发布文件，希望有效整合优化快递服务系统。推动淡旺季分开以及旺季应急保障等机理建设，在加强对网络零售监测的同时，促进快递服务与网络零售的配合，加强双方的信息共享和标准对接，形成快递服务在网络的淡旺季都能做到较好配合、协同发展。此外，尤其针对网络零售的旺季，快递服务行业要有所准备、有所保障。同时，政府也应有效引导消费者适度调节消费需求，不要挤在一个时间点进行过多消费，产生过大的快递量，使得快递企业无法做到有效吞吐。

8.2.2.3 完善"线上线下"相互协调体系，改善城乡居民消费服务质量

物流配送体系是建立在物流基础设施之上的，以物流基础设施为条件，快

递服务畅通为基准，在快递行业与网络零售业密切联系的同时，解决消费者网络购物的便利问题。因此，采取"线上线下"相结合的方式，完善"线上线下"相互协调体系，利于提高整体物流配送水平，有助于完善物流配送体系，改善城乡居民消费服务质量。即在利用电子商务改造流通企业供应链的同时，促进流通企业实体和电子商务虚拟的有效结合，更大程度上提高配送水平。这种"线上线下"相互作用、互相补充、互为机理的形式，涵盖着几乎全部的消费者，不管是网上消费爱好者，还是实体消费爱好者，总有一款合消费者偏好，为整体消费升级提供重要保障。虚拟电子商务帮助消费者便捷、广范围、多层次、跨区域、精服务地找到心仪的商品，实体则为消费者提供体验、流通等切实的服务，帮助消费者更好甄别商品。这两种机理的结合，为消费者带来更好的消费体验，同时，为产业结构带来不同的分工格局和高效率，使得整体经济持续、健康发展。此外，通过网络上的虚拟信息和线下的实体流通设施的结合，大大提高商品的流通速度和效率，改善快递服务，为经济的高质量发展奠定基础。

8.2.2.4 建立农村电子商务体系，激发农村居民消费需求

在网络消费发展初期大多集中在大中型城市，小城市、农村的网络消费可以说是很少甚至没有。但随着网络基础设施、技术更新等的快速发展，网络的链条逐渐打开小城市和农村封闭的大门，网络消费已经渐渐融入各个居民生活中，尤其是农村的网络消费备受瞩目，增长非常快。广大农村消费者的消费能力在迅速提升，这都是电子商务所带来的。因电子商务的迅速发展与扩张，大部分人被吸收到电子商务这个领域，大多数农民通过电子商务创立网店，售卖各种农产品，增加了自身的收入。同时，电子商务以农产品进城和工业品下线两条线贯通城乡，使得城乡居民消费和收入协调、平衡。但同时，农村电子商务市场的巨大缺口和人才缺乏、网络消费理念的落后使得农民的消费需求没有被完全激发出来，在一定程度上保有发展潜力，是未来的战略性市场。因此，政府更应该加快建立健全农村电子商务市场和农民电子商务教育、培训，抓住这一机遇，全方位服务和发展农村电子商务市场，加快城乡居民之间的消费和收入协调的、平衡的发展。利用政府的统筹规划和配套的政策落实，帮助构建适合于农村电子商务市场发展的环境，以局部带整体、一村带一村的形式，逐渐扩展到所有广大农村，建设好农村电子商务市场，形成全国性的电子商务市场。

电子商务体系究其根本就是一个互通有无的交易服务系统，可以在更大范围、更深层次进行交易，也会促进网络生产消费及服务的进一步发展。政府加

强对各个地区的国内贸易及国外贸易电子商务的建设，对于更大范围、更深层次的市场消费开发有着重要影响与价值。同时，通过促进电子商务的快速发展，促进各个地区网络生产消费及服务企业的均衡发展，促进各个地区居民网络消费的合理发展与合理优化。

电子商务促进服务体系主要针对中国电子商务发展的实际规律和特点，通过财政、税收、金融、产业、法律、土地、贸易、人才等方面的措施进行，有效推进各个地区网络生产消费及服务企业的均衡发展。针对目前电子商务在不同区域和行业内的不协调、不平衡发展的现状与问题，政府往往会通过以财政专项资金的方式支持落后地区电子商务基础设施的建设及完善，促进不同行业具有特色的电子商务的应用发展，加强不同行业、地区的电子商务人才培训，真正实现各个地区网络生产消费及服务企业的电子商务的均衡、协调发展的目标。

目前要进一步发挥政府在电子商务、财税方面的优惠政策效应，为各个地区的网络生产消费及服务企业创造良好的投融资环境，以财政直接支持和政府担保的信息平台建设都在一定程度上促进社会资金流向电子商务，为电子商务发展提供必备的资金来源，促进其健康、可持续发展。同时，政府在关于扶持各个地区的电子商务的产业政策和法律法规方面不断地进行制定和修改，以促进电子商务的发展，有效推进各个地区网络生产消费及服务企业的均衡发展。此外，政府应该积极培育电子商务人才、促进创造新的电子商务产业链和平台的实现，为电子商务注入新的血液，建造新的组织结构，并促进各个地区网络生产消费及服务企业的均衡发展。

8.2.3 加强居民网络消费意识

8.2.3.1 重塑网络消费心理，变革居民网络消费行为

充分利用数字经济模式与技术，重塑数字经济时代城乡居民消费的心理与智能情景模式，促进传统消费向便利化和心理与智能的场景化模式转变，与此同时产生的平台依赖和深度体验也逐步改变了居民消费行为和消费实现路径。主要表现在：从行为驱动因素上看，社会阶层和收入水平作为传统驱动要素，在互联网、新型电商等平台下引致居民消费行为的强度在减弱。目前"智能消费"模式正在成为新时代城镇居民消费的增长点，以智能娱乐、智能居家乃至智能养老为代表的数字产品或服务正改变着城镇居民传统消费；依托互联网和农村电商平台模式不但提高了农村居民对服装、日用品和食品的消费量，还解决了消费中信息不对称所引发的盲目消费问题，增强了理性消费。

合理规划，强化生产与消费的均衡，引导城乡居民适度与理性、科学的网络消费，发扬中国优良文化传统尤其是勤俭节约文化、艰苦朴素文化，预防网络消费异化，促进网络异化消费合理回归，推动网络消费与社会生产可持续健康发展，促进社会经济公平正义，促进数字经济时代城乡居民充分共享新兴科技创新与经济发展的成果。

8.2.3.2 推动并塑造数字经济与传统消费合理融合的模式

推动并塑造数字经济与传统品牌营销、物流分销等相融合的模式，促进传统消费的品牌分散化和群体普及化。随着物质产品的不断丰富，不可避免地出现了消费的分散化及碎片化，集中体现在品牌碎片化和时间碎片化两方面。品牌分散化、碎片化即打破了少数品牌独领市场的局面。以往，消费者在实际消费中倾向于购买知名品牌或期望品牌；如今，品牌效应正逐渐减弱，消费者更加重视消费的实际功效。同时，微博、微信等新媒介迎合了消费者日益分散化、碎片化的消费特征，实现了线上线下无缝衔接的消费路径，有效促进了传统消费质量的升级。而且新一代信息通信和数据分析技术还通过挖掘消费者碎片化信息促进了数字经济与新零售的融合模式，新零售成为数字经济衍生新业态的有效路径。

数字经济时代的消费创造了平台消费、关系消费和场景消费等新模式，个性消费、定制消费成为城乡居民消费增量提质的有效路径。平台消费以传统电商平台或平台企业（如阿里巴巴、京东）为载体，衍生了大量消费信息和数据，应用数据抓取、挖掘和分析技术，平台可更精准、更快捷地提供满足消费者使用价值的产品。移动互联网、信息通信技术的迭代创新又将传统的平台消费引入关系消费的新形态，借助通信工具如微信、QQ、微博、抖音等自媒体，厂家与消费者之间进行充分的信息交互，甚至建立有别于一般意义上的客户关系，消费模式更趋近定制化。而场景消费则是基于可视化通信工具，如抖音、快手、直播等。场景消费伴随着新零售，阿里巴巴对新零售的定义为"以消费者体验为中心，数据驱动的泛零售形态"，其中，消费体验的场景化作为新零售的重要特征凸显了数字经济业态下居民消费的升级。

数字经济的技术模式可以准确认识产品消费者的行为特征，满足城乡消费者的个性化，提升网络产品的情感价值和精神享受。数字经济依赖于海量的数据和数据资源，大大降低了传统产品消费的信息不对称性，促进产品质量的持续改进。在生存型消费方面，人们打破时间、空间限制，通过网络平台更全面、更真实地介入消费体验，这种用户直接参与产品生产的方式极大地保证了实物消费品质（如伊利可视化工厂）。在享受型消费方面，以虚拟产品消费为例，数字经济时代应用图像识别、数据计算和分析技术，商家可以更准确地辨识产品消费者的行为特征，满足消费者个性化的精神享受需求，提升虚拟产品的情感价值。

8.3 研究不足与展望

本书在以下方面还存在一定不足，需要在未来进行深入研究及改进：

第一，在微观层面，由于数据采集技术和方法的限制，本书研究中仅采集到中国居民消费结构发展变迁的截面数据，造成对于消费实现过程及其发展变迁的效应解释和实现路径的检验缺乏动态长期性分析。

第二，在宏观层面，由于目前国内、国外对于数字经济、数字经济的概念与内涵界定尚未形成一致的观点，数字经济、数字经济环境测度还缺乏相应的权威性指标，这就造成对数字经济环境描述及评价缺乏详尽的统计数据，本书在研究中只能从网络产业产值或增加值的单一角度观测数字经济发展水平及其对于居民消费实现过程、效应、消费结构及发展变迁的影响，而上述数据并不能完全充分反映中国数字经济发展的趋势与实际。

鉴于上述研究不足，未来可从以下方面展开深入研究：

第一，基于相应样本，进行连续观测，扩大样本，提高观测质量，以便于更为科学合理地从微观层面观测城乡居民消费变迁及其差异；同时，还可以从空间地理区位的角度，分析消费结构变迁的空间差异。

第二，进一步跟踪宏观统计数据，借助统计计量等方法，对未来中国居民消费结构变迁的未来趋势展开预测。

参考文献

［1］唐小彬. 论马克思关于消费经济的十大原理［J］. 厦门大学学报（哲学社会科学版），1989（1）：17-23.

［2］臧旭恒. 如何看消费对中国经济增长的作用［J］. 消费经济，2017，33（2）：3-8.

［3］武晓利，晁江锋. 财政支出结构对居民消费率影响及传导机理研究：基于三部门动态随机一般均衡的模拟［J］. 财经研究，2014（6）：4-15.

［4］马克思. 资本论：第一卷［M］. 中共中央马克思恩格斯列宁斯大林著作编译局，译. 北京：人民出版社，2004：196.

［5］郭克莎，杨阔. 长期经济增长的需求因素制约：政治视角的增长理论与实战分析［J］. 经济研究，2017（10）：15-16.

［6］田学斌，封玉荣，刘志远. 中国居民消费回顾与展望：1949—2019［J］. 经济论坛，2020（2）：10-17.

［7］王崧樾. 数字经济对我国居民消费的促进作用研究［J］. 现代商业，2020（6）：17-18.

［8］王秋. 马克思消费思想及当代价值研究［J］. 理论学刊，2018（1）：10-15.

［9］谭顺. 资本主义生产方式下生产力与消费力的矛盾：《资本论》中马克思消费力理论的解读与启示［J］. 当代经济研究，2015（8）：20-24.

［10］肖蓉，阳建强，李哲. 生产：消费均衡视角下城市商业中西演化研究［J］. 城市规划，2016，40（1）：43-49.

［11］亚当·斯密. 国富论［M］. 郭大力，王亚南，译. 北京：商务印书馆，2014.

［12］马歇尔. 经济学原理（上卷）［M］. 西安：陕西人民出版社，2006.

［13］谢伊. 网络产业经济学［M］. 张磊，译. 上海：上海财经大学出版社，2002.

［14］袁志刚，朱国林. 消费理论中的收入分配与总消费：及对中国消费不振的分析［J］. 中国社会科学，2002（2）：69-76.

［15］田青. 中国城镇居民收入与消费关系的协整检验：基于不同收入阶层的实证分析［J］. 消费经济，2008（3）：7-10.

［16］储德银，经庭如. 中国城乡居民消费影响因素的比较分析［J］. 中国软科学，2010（4）：99-105.

［17］樊向前，戴国海. 影响居民消费行为的信贷条件分析：基于2002—2009年中国城镇居民消费的实证研究［J］. 财经理论与实践，2010，31（6）：15-21.

［18］魏勇，杨孟禹. 收入结构、社会保障与城镇居民消费升级［J］. 华东经济管理，2017，31（3）：90-99.

［19］臧旭恒，张继海. 收入分配对中国城镇居民消费需求影响的实证分析［J］. 经济理论与经济管理，2005（6）：5-10.

［20］李文溥，王燕武，陈婷婷. 居民消费能否成为现阶段拉动我国经济增长的主动力［J］. 经济研究参考，2019（1）：20-23.

［21］陈斌开. 收入分配与中国居民消费：理论和基于中国的实证研究［J］. 南开经济研究，2012（1）：33-49.

［22］易行健，肖琪. 收入不平等与居民消费率的非线性关系：基于跨国面板数据的实证检验［J］. 湘潭大学学报（哲学社会科学版），2019，43（4）：58-63.

［23］王克稳，李敬强，徐会奇. 不确定性对中国农村居民消费行为的影响研究：消费不确定性和收入不确定性的双重视角［J］. 经济科学，2013（5）：88-96.

［24］胡日东，钱明辉，郑永冰. 中国城乡收入差距对城乡居民消费结构的影响：基于LA/AIDS拓展模型的实证分析［J］. 财经研究，2014，40（5）：75-87.

［25］王小华，温涛. 城乡居民消费行为及结构演化的差异研究［J］. 数量经济技术经济研究，2015，32（10）：90-107.

［26］唐琦，夏庆杰，李实. 中国城市居民家庭的消费结构分析：1995—2013［J］. 经济研究，2018，53（2）：35-49.

［27］李自琼，刘东皇. 中国农村消费结构与产业结构互动效应的区域测算［J］. 统计与决策，2015（24）：62-65.

［28］汪伟. 加快新时代中国消费结构升级［J］. 中国社会科学学院，2018

(6)：18-22.

[29] 张恩碧. (中国) 消费经济学会 2019 年会暨第二十二次全国消费经济理论与实践研讨会综述 [J]. 消费经济，2019，35 (6)：92-94.

[30] 河北省"价格上涨的微观基础研究"课题组. 物价变动对居民消费的影响 [J]. 调研世界，2012 (2)：8-10.

[31] 王裕国. 贯彻"完善促进消费体制机制"的几点思考 [J]. 消费经济，2018 (6)：10-14.

[32] 吴珊. 物价水平与城镇居民消费支出动态关系的实证研究 [D]. 杭州：浙江工商大学，2013.

[33] 柳思维. 房价波动与居民消费：影响机理及调控思路 [J]. 消费经济，2018，34 (5)：31-35，63.

[34] 廖望. 建国 70 年我国居民消费价格变迁研究 [J]. 价格月刊，2019 (6)：90-95.

[35] 易行健，周利，等. 城镇化为何没有推动居民消费倾向的提升?：基于半城镇化率视角的解释 [J]. 经济学动态，2020 (8)：119-130.

[36] 刘娇. 我国居民消费结构转型升级对零售业影响的实证检验 [J]. 商业经济研究，2019 (5)：43-45.

[37] 茆锐，徐建炜. 人口转型、消费结构差异和产业发展 [J]. 人口研究，2014，38 (3)：89-103.

[38] 梁志高. 消费的力量：中国消费市场 40 年变迁拉动经济快速发展 [J]. 中国质量万里行，2019 (1)：22-24.

[39] 刘根荣，种璟. 促进消费视角下城乡流通协调发展研究 [J]. 经济学家，2012 (9)：29-36.

[40] 王平. 新型城镇化驱动居民消费的效应研究 [D]. 西安：陕西师范大学，2018.

[41] 夏皮罗，瓦里安. 信息规则：网络经济的策略指导 [M]. 张帆，译. 北京：中国人民大学出版社，2000.

[42] 张丽芳，张清辨. 数字经济与市场结构变迁：新经济条件下垄断与竞争关系的检验分析 [J]. 财经研究，2006 (5)：108-118.

[43] 马艳，郭白滢. 数字经济虚拟性的理论分析与实证检验 [J]. 经济学家，2011 (2)：34-42.

[44] 洪涛. 2020 上半年中国农产品电商发展报告 [J]. 中国商论，2020 (15)：1-10.

［45］杨培芳. 网络协同经济学：第三只手的凸现［J］. 中国电信业，2001（5）：55.

［46］毛中根，谢迟. 习近平关于消费经济的重要论述：现实依据、理论基础与主要内容［J］. 消费经济，2019，35（3）：3-11.

［47］王世波，赵金楼. 数字经济对中国国民经济发展的影响研究［J］. 经济问题探索，2015（5）：28-32.

［48］何明升，李一军. 网络消费的基本特点及其对传统经济理论的突破［J］. 学术交流，2001（2）：105-108.

［49］赵太宣. 数字经济对我国居民消费的促进作用研究［J］. 经济师，2019（9）：45-52.

［50］高孝平. 数字经济对居民消费影响分析［J］. 人民论坛，2015（20）：94-96.

［51］赵明辉. 基于微观主体行为的居民消费行为变迁及其影响因素研究［J］. 商业经济研究，2018（9）：45-48.

［52］何明升. 网络消费的测度及其管理意义［J］. 情报学报，2002（3）：344-348.

［53］安增军，林珊珊. 数字经济对中国居民消费的效应分析［J］. 物流工程与管理，2016，38（1）：112-115.

［54］王茜. "互联网＋"促进中国消费升级的效应与机理［J］. 财经论丛，2016（12）：94-102.

［55］杜丹清. 互联网技术对消费升级的影响研究［J］. 中国物价，2017（9）：14-17.

［56］杜丹清. 互联网助推消费升级的动力机理研究［J］. 经济学家，2017（3）：48-54.

［57］贺达，顾江. 互联网对农村居民消费水平和结构的影响：基于 CFPS 数据的 PSM 实证研究［J］. 农村经济，2018（10）：51-57.

［58］尹向东，刘敏，袁男优，等. 新形势下增强我国消费对经济的拉动力研究：基于 2018 年湖南消费市场的问卷调查分析［J］. 消费经济，2019，35（5）：89-96.

［59］陈羽中. 消费环境对农村居民消费增长的影响动态面板分析［J］. 商业经济研究，2020（15）：37-40.

［60］杨春荣. 大学生网络消费的经济学分析［J］. 重庆邮电大学学报（社会科学版），2007（3）：29-33.

[61] 阚凯. 从网上购物到专业化网络消费联盟的网上消费方式的演进 [J]. 经济纵横, 2008 (5): 101-103.

[62] 杨文捷, 陆雄文, 黄丽华. 网络购买者消费观念与消费倾向研究 [J]. 合肥工业大学学报 (自然科学版), 2004 (3): 265-268.

[63] 王凤娥. 国内消费需求不足的原因及对策分析 [J]. 商场现代化, 2006 (29): 43-44.

[64] 葛幼康. 数字经济中消费特征及消费心理分析 [J]. 消费导刊, 2008 (6): 6-7.

[65] 王晓帆. 从大学生网络消费的特征谈网络营销策略 [J]. 今日中国论坛, 2012 (10): 38, 41.

[66] 王斌, 聂元昆. 移动互联网环境下的消费者行为模式探析 [J]. 电子商务, 2015 (8): 42-44.

[67] 刘湖, 张家平. 互联网是扩大居民消费的新引擎吗?: 来自城镇面板数据的实证分析 [J]. 消费经济, 2016 (3): 17-22.

[68] 刘湖, 张家平. 互联网驱动居民消费的效应分析 [J]. 北京邮电大学学报 (社会科学版), 2016, 18 (3): 14-21.

[69] 林挺, 张诗朦. 互联网+视域下城镇居民家庭消费行为偏好演进规律研究 [J]. 价格理论与实践, 2017 (8): 156-159.

[70] 周楠. 互联网背景下居民消费行为特征及影响因素研究 [J]. 商业经济研究, 2018 (24): 65-68.

[71] 白硕, 杨永春, 史坤博. 成都市居民网络消费行为特征分析: 基于O2O与C2C电子商务的对比视角 [J]. 世界地理研究, 2018, 27 (5): 71-81.

[72] 刘湖, 张家平. 互联网对居民消费结构的影响与区域差异 [J]. 财经科学, 2016 (4): 9-12.

[73] 刘媛媛. 互联网经济发展对城镇居民消费的促进作用探讨 [J]. 商业经济研究, 2016 (20): 28-30.

[74] 汤才坤. "互联网+" 对农村居民消费经济结构的影响分析 [J]. 统计与决策, 2018 (21): 117-119.

[75] 文启湘. 中国消费经济学 [M]. 西安: 西北大学出版社, 2011.

[76] 厉以宁. 西方经济学 [M]. 2版. 北京: 北京大学出版社, 1992.

[77] 黄隽, 李冀恺. 中国消费升级的特征、度量与发展 [J]. 中国流通经济, 2018 (4): 94-101.

［78］何明升. 网络消费方式的内在结构及其形成机理［J］. 哈尔滨工业大学学报（社会科学版），2002（1）：34-37.

［79］中国互联网络信息中心. 中国互联网发展状况调查报告［R/OL］.ht-tp://www.cnnic.net.cn/hlwfzyj/hlwxzbg/index.htm.

［80］王芳. 中国网络文化消费特征与发展趋势研究［J］. 中国市场，2017（20）：153-154.

［81］鞠惠冰. 消费文化研究［D］. 长春：吉林大学，2007.

［82］赵萍. 消费经济学理论溯源［M］. 北京：社会科学文献出版社，2011.

［83］尹世杰. 社会主义消费经济学［M］. 上海：上海人民出版社，1983.

［84］汪丁丁. 记住未来.［M］. 北京：社会科学文献出版社，2001.

［85］国务院. 第十二届全国人民代表大会第三次会议政府工作报告全文［EB/OL］.［2015-03-17］.http://he.people.com.cn/n/2015/0317/c192235-24177313-4.html.

［86］CNNIC. 第43次中国互联网发展状况统计报告［EB/OL］.［2019-02-28］.http://www.sohu.com/a/270636563_465378.

［87］邓琳琳，邱丽丽. 利率对中国居民消费的影响［J］. 当代经济，2017（3）：54-55.

［88］王斌，聂元昆. 移动互联网环境下的消费者行为模式探析［J］. 电子商务，2015（8）：42-44.

［89］王鹏飞. 数字经济对中国居民消费的促进作用研究［D］. 北京：中共中央党校，2014.

［90］刘国风，房琬欣. 2001—2009年中国居民财富的估算与统计分析［J］. 中央财经大学学报，2011（5）：50-54，65.

［91］姚嘉. 流通产业发展对消费结构升级的影响研究［D］. 杭州：浙江工商大学，2017.

［92］陆峰. 互联网新经济与实体经济共振发展［J］. 互联网经济，2017（3）：34-37.

［93］吴振磊，李想. 大数据时代中国新常态经济发展方式转型［J］.2015（4）：41-46.

［94］温雪，吴定伟，潘明清. 互联网、社会资本与农村居民消费［J］. 消费经济，2019，35（4）：47-54.

［95］祝仲坤，冷晨昕. 互联网与农村消费：来自中国社会状况综合调查

的证据 [J]. 经济科学, 2017 (6): 115-128.

[96] 毕玉江, 裴瑱. 消费惯性作用下农村居民和城镇居民消费影响因素的差异研究 [J]. 经济经纬, 2016, 33 (5): 120-125.

[97] 秦芳, 吴雨, 魏昭. 网络购物促进了中国家庭的消费吗: 来自中国家庭金融调查 (CHFS) 数据的经验证据 [J]. 当代经济科学, 2017, 39 (6): 104-114, 126.

[98] 王晓彦, 胡德宝. 移动支付对消费行为的影响研究: 基于不同支付方式的比较 [J]. 消费经济, 2017, 33 (5): 77-82, 97.

[99] 中国电子商务研究中心. 中国电子商务市场数据检测报告 [R]. 北京: 中国电子商务研究中心, 2018.

[100] 中国电子商务协会. 2011 年中国电子商务行业研究报告 [R]. 北京: 中国电子商务协会数字服务中心, 2011.

[101] 李骏阳, 李亚琪. 电子商务对消费影响的实证研究 [J]. 天津商业大学学报, 2016, 36 (4): 23-28.

[102] 杜静. 浅析网络经济对中国居民消费的促进作用 [J]. 技术与市场, 2017, 24 (3): 191, 194.

[103] 黄飞, 黄键柏. 基于畅体验的网络消费偏好影响因素研究 [J]. 管理学报, 2014 (5): 733-739.

[104] 邓爱民, 陶宝, 马莹莹. 网络购物顾客忠诚度影响因素的实证研究 [J]. 中国管理科学, 2014 (6): 94-102.

[105] 王德胜. 网络购物中影响消费者信任的感知因素实证 [J]. 山东社会科学, 2010 (12): 45-49.

[106] 谢印成, 高杰. 互联网发展对中国经济增长影响的实证研究 [J]. 经济问题, 2015 (7): 58-61.

[107] 杨继瑞, 薛晓, 汪锐. "互联网+" 背景下消费模式转型的思考 [J]. 消费经济, 2015 (6): 3-7.

[108] 何勇, 陈新光. 互联网影响国际贸易的理论与实务研究 [J]. 经济经纬, 2015 (4): 54-60.

[109] 祁鼎, 王师, 邓晓羽, 等. 中国人口年龄结构对消费的影响研究 [J]. 审计与经济研究, 2012 (2): 95-103.

[110] 陈娟, 林龙, 叶阿忠. 基于分位数回归的中国居民消费研究 [J]. 数量经济技术经济研究, 2008 (2): 98-114.

[111] 娄峰, 李雪松. 中国城镇居民消费需求的动态实证分析 [J]. 中国

社会科学，2009（3）11-15.

[112] 梅洪常.居民消费增长和结构优化路径分析 [J].中国工业经济，2008（8）：13-17.

[113] 朱虹.生活方式的变迁与手机社会功能的演变：基于中低收入群体的调查分析 [J].南京大学学报：社会科学版，2011（3）：42-50.

[114] 曹宣兵，杨旭.浅论数字经济在中国社会主义市场经济下的发展 [J].现代企业文化，2009（8）：47-53.

[115] 陈艳飞.湖南网络消费现状与制约因素 [J].中国统计，2013（7）：97-99.

[116] 程开明.中国城市化与经济增长的统计研究 [D].杭州：浙江工商大学，2008.

[117] 邓文桂.网络消费清流"夺冠"的背后 [N].三明日报，2013（8）：14（A01）.

[118] 丁卡尼.中国数字经济正效应研究 [D].重庆：西南大学，2007.

[119] 董烨然.中国网络型产业的特征与政策取向 [J].经济研究参考，2006（3）：15-18.

[120] 杜传忠.网络型寡占市场结构与企业技术创新：兼论实现中国企业自主技术创新的市场结构条件 [J].中国工业经济，2006（11）：123-127.

[121] 冯力虎.中国电子商务涉足快递的阶段与路径分析 [C].北京：2012中国快递论坛，2012.

[122] 郭春阳，李建军.基于电子商务环境的供应链管理研究 [J].北方经贸，2012（5）：45-50.

[123] 何欣.电子商务在中国物流业中的应用分析 [J].电子商务，2012（11）：134-140.

[124] 李佳原.网络消费模式下消费者权益 [J].经济学研究，2013（7）：76-79.

[125] 李祥玉，刘强.电子支付时代的安全与效率：访中国人民银行支付结算司司长欧阳卫民 [J].金融博览，2010（6）：20-26.

[126] 梁达.消费将持续成为经济增长的第一引擎 [J].宏观经济管理，2013，（3）8-12.

[127] 刘惠英.南京农户消费行为研究 [D].南京：南京农业大学，2011.

[128] 刘志彪.新经济与中国网络产业的发展 [J].学海，2006（2）：55-

60.

[129] 吕红. 数字经济的发展及其对中国经济的影响分析 [J]. 科技信息, 2008（2）: 46-48.

[130] 马秀霞. 数字经济与西部地区内陆型经济发展 [J]. 中共长春市委党校学报, 2006（4）: 18-20.

[131] 孟丹新, 涂圣伟. 当前网络消费发展的问题、趋势与建议 [J]. 宏观经济管理, 2014（2）: 58-62.

[132] 孟凡新. 中国网络购物市场研究报告 [J]. 互联网天地, 2013（6）: 15-20.

[133] 宋秀茹. 加强互联网金融监管的思考 [J]. 河北金融, 2013（9）: 67-72.

[134] 王国才. 基于纵向竞争的网络产业最优市场结构研究 [D]. 南京: 南京大学, 2009.

[135] 王静媛. 移动互联网激发居民消费潜力 [N]. 中国工业报, 2014-02-19.

[136] 王珊珊. 基于扩大内需的中国农村居民消费变动研究 [D]. 哈尔滨: 东北农业大学, 2014.

[137] 吴建根. 美国数字经济发展 [D]. 长春: 吉林大学, 2012.

[138] 薛红松. 基于产业组织理论的中国网络产业发展研究 [D]. 武汉: 武汉理工大学, 2006.

[139] 杨凯. 互联网金融时代"悄然"揭幕 [J]. 华东科技, 2013（9）: 26-30.

[140] 阳纹杉, 等. "双十一"网购狂欢 网络消费渐趋理性 [N]. 重庆日报, 2013-11-12.

[141] 尹秉鲁. 数字经济环境下中国产业结构演化与升级研究 [D]. 呼和浩特: 内蒙古师范大学, 2008.

[142] 殷秀丽. 电子商务环境—企业供应链管理探析 [J]. 北方经贸, 2013（6）: 15-16.

[143] 喻成. 基于数字经济的中部崛起战略研究 [D]. 武汉: 湖北工业大学, 2006.

[144] 于同申. 数字经济条件下自主技术创新的技术选择问题 [J]. 经济理论与经济管理, 2006（4）: 35.

[145] 张博. 影响因素视域下网络消费发展的对策研究 [J]. 中国市场,

2013（4）：41.

　　[146] 张曦晔，网络消费中消费者权益的保护 [J]. 法制与经济，2014
（1）：60-61.

　　[147] 张小建，马永堂. 中国网络创业就业发展状况和对策研究 [J]. 第
一资源，2013（2）：28.

　　[148] 赵萍. 扩消费政策推动消费高速增长 [N]. 国际商报，2012-08-
13.

　　[149] 赵萍，消费将成为经济增长第一拉动力：2012 年中国消费市场形
势判断 [J]. 时代经贸，2012（4）：15-16.

　　[150] 周振华. 现代经济增长中的结构效应 [M]. 上海：上海三联书店，
2009.

　　[151] 佚名. 县域和移动电商成网络消费新亮点 [N]. 中国服饰报，2013-
12-28.

　　[152] 郝爱民. 农户消费决定因素：基于有序 Probit 模型 [J]. 财经科学，
2009（5）：45-50.

　　[153] 国家信息中心. 中国信息化需求调查报告 [R]. 北京：国家信息
中心，2015.

　　[154] 张世伟，郝东阳. 城镇居民不同收入群体消费行为分析 [J]. 财经
科学，2010（9）78-82.

　　[155] 朱建平，朱万闯. 中国居民消费的特征分析：基于两阶段面板分位
回归 [J]. 数理统计与管理，2012（4）：112-114.

　　[156] 毛中根，洪涛. 中国服务业发展与城镇居民消费关系的实证分析
[J]. 财贸经济，2012（4）：7-12.

　　[157] 王俊. 中国城镇居民消费结构演进与产业结构转换：基于 VAR 模
型的实证研究 [J]. 山西财经大学学报，2007（3）：96-99.

　　[158] 王敏，马树才，基于动态面板模型的中国城镇居民消费的研究
[J]. 数理统计与管理，2010（3）：113-115.

　　[159] 吴晓明，吴栋. 中国城镇居民平均消费倾向与收入分配状况关系的
实证研究 [J]. 数量经济技术经济研究，2007（5）：115-120.

　　[160] 臧旭恒，裴春霞. 转轨时期中国城乡居民消费行为比较研究 [J].
数量经济技术经济研究，2007（3）：45-56.

　　[161] 杨伯坚. 2004—2008 年，中国财政农业支出效率的实证分析：基于
省际面板数据的两步法 [J]. 财政研究，2009（6）：143-150.

[162] 陈建宝，杜小敏，董海龙.基于分位数回归的中国居民收入和消费的实证分析 [J].统计与信息论坛，2009 (9)：56-60.

[163] 刘予琦.中国居民消费能力研究 [J].现代经济信息，2011 (10)：90-96.

[164] 李道亮.中国信息化面临的新机遇与发展建议 [J].山东农业科学，2013 (6)：82-85.

[165] 许宪春.准确理解中国的收入、消费和投资 [J].中国社会科学，2013 (2)：46-50.

[166] 杭斌，肖新华.经济快速增长时期的居民消费行为：基于习惯形成的实证分析 [J].经济学 (季刊)，2013 (4)：32-38.

[167] 周广竹.大数据时代如何完善农村信息化建设 [J].人民论坛，2015 (6)：72-80.

[168] 陈敏，刘俊浩.基于 AHP 和锡尔系数的信息化及区域影响研究 [J].统计决策，2015 (8) 45-62.

[169] 贾男，张亮亮.城镇居民消费的"习惯形成"效应化 [J].统计研究，2011，(8)：63-70.

[170] 白重恩，唐燕华，张琼.中国隐性收入规模估计：基于扩展消费支出模型及数据的解读 [J].经济研究，2015，(6)：16-24.

[171] 陈莹，郑涌.价值观与行为的一致性争议 [J].心理科学进展，2010，18 (10)：1612-1619.

[172] 金盛华，郑建君，辛志勇.当代中国人价值观的结构与特点 [J].心理学报，2009，41 (10)：1000-1014.

[173] 潘煜，高丽，张星.中国文化下的消费者价值研究：量表开发与比较 [J].管理世界，2014 (4)：90-106.

[174] 宋冬林，金晓彤，刘金叶.中国城镇居民消费过度敏感性的实证检验与经验分析 [J].管理世界，2003 (5)：29-35.

[175] 苏淞，孙川，陈荣.文化价值观、消费者感知价值和购买决策风格：基于中国城市化差异的比较研究 [J].南开管理评论，2013 (1)：102-109.

[176] 杨宜音.社会心理领域的价值观研究述要 [J].中国社会科学，1998 (2)：83-93

[177] 叶德珠，连玉君，黄有光，等.消费文化、认知偏差与消费行为偏差 [J].经济研究，2012 (2)：80-92.

［178］张梦露. 中国消费者购买行为的文化价值观动因研究［M］. 北京：科学出版社，2010.

［179］郑红娥. 社会转型与消费革命：中国城市消费观念的变迁［M］. 北京：北京大学出版社，2006.

［180］艾春荣，汪伟. 习惯偏好下的中国居民消费的过度敏感性：基于1995—2005 年省际动态面板数据的分析［J］. 数量经济技术经济研究，2008（11）：98-114.

［181］白琳. 顾客感知价值、顾客满意和行为倾向的关系研究述评［J］. 管理评论，2009，21（1）：87-93.

［182］习广宗，张涛. 中国城乡居民国内旅游消费和消费结构比较研究［J］. 人文地理，2010，25（2）：158-160.

［183］钟宏. 消费结构升级步伐加快［J］. 中国统计，2016（8）：78.

［184］赵明辉. 基于微观主体行为的居民消费行为变迁及其影响因素研究［J］. 商业经济研究，2018（9）：45-48.

［185］刘荣婷. 数字经济对居民消费行为的影响研究［J］. 商业经济研究，2019（1）：45-46.

［186］韩海燕，姚进伟. "互联网+" 新经济对收入分配格局的影响研究［J］. 中国特色社会主义研究，2017（5）：32-37.

［187］王鹏飞. 数字经济对中国居民消费的促进作用研究［D］. 北京：中共中央党校，2014.

［188］杨连峰. 长尾理论的经济分析［J］. 生态经济，2010（12）：28-31.

［189］于珊珊，蒋守芬. 基于交易成本的消费者网络购物意愿的实证研究［J］. 经济问题，2011（9）：52-56.

［190］吴昊，李健伟，程楠. 零售业态演进：基于消费成本视角的解释［J］. 消费经济，2015，31（3）：75-78.

［191］胡海清，许垒. 电子商务模式对消费者线上购买行为的影响研究［J］. 软科学，2011，25（10）：135-140.

［192］陈玲. 数字经济发展与农村居民消费升级关系的实证分析［J］. 商业经济研究，2019（16）：34-40

［193］林珊珊. 电子商务促进中国居民消费的作用机理研究［D］. 福州：福州大学，2016.

［194］杨继瑞，薛晓. 城乡社区非接触型消费：新冠肺炎疫情影响下推进

消费回补和潜力释放的新举措 [J]. 中国高校社会科学, 2020 (3): 12-19.

[195] 安增军, 林珊珊. 数字经济对中国居民消费的效应分析 [J]. 物流工程与管理, 2016, 38 (1): 112-115.

[196] 李育林. 第三方支付作用机理的经济学分析 [J]. 商业经济与管理, 2009 (4): 11-17.

[197] 陈怡然. 共享经济的现状及其发展问题初探 [J]. 全国流通经济, 2019 (3): 106-107.

[198] 杨云峰. 网络消费心理与行为研究 [D]. 北京: 北京邮电大学, 2008.

[199] 周珺. 流通创新与消费升级的互动关系研究 [D]. 北京: 首都经济贸易大学, 2017.

[200] 姚嘉. 流通产业发展对消费结构升级的影响研究 [D]. 杭州: 浙江工商大学, 2017.

[201] OBRA A R A, CÁMARA S B, MELÉNDEZ A P. The economic and organizational aspects of telecentres: the Spanish case [J]. Technovation, 2002, 22 (12): 785-798.

[202] NGAN R, MA S. The Relationship of mobile telephone to job mobility in China's Pearl River Delta [J] Knowledge & policy, 2008, 21 (2): 55-63.

[203] GANDHI M, KAUSHIK N. Socially responsive consumption behaviour: an Indian perspective [J]. Social responsibility journal, 2016, 11 (2): 85-102.

[204] EHRNROOTH H, GRONROOS C. The hybrid consumer: exploring hybrid consumption behaviour [J]. Management decision, 2013, 51 (9): 1793-1802.

[205] MILJKOVIC D, EFFERTZ C. Consumer behavior in food consumption: reference price approach [J]. British food journal, 2010, 112 (1): 32-43.

[206] THOMAS V L, JEWELL R D, JOHNSON J W. Hidden consumption behaviour: an alternative response to social group influence [J]. European journal of marketing, 2015, 49 (3): 512-531.

[207] JIN X T, SHENG L, ALON D I. Consumption behavior of Chinese urban residents during economic transition: intermittent and cyclical fluctuations [J]. International journal of emerging markets, 2011, 6 (3): 187-199.

[208] XAVIER P, YPSILANTI D. Switching costs and consumer behaviour: implications for telecommunications regulation [J]. IFO, 2008, 10 (4): 13-29.

附录

附录1　中国居民消费结构变迁调研问卷

　　填写说明：改革开放以来，随着居民收入水平的提高及信息技术的应用，中国城乡居民消费质量和层次大幅提升。数字经济是继农业经济、工业经济之后的新经济形态，数字经济条件下，中国居民消费必然会产生许多新特征。本次调研主要的目的是采集数字经济时代居民消费的基本信息，采集后的数据主要应用于科学研究，并帮助政府进行科学决策，绝不用于商业用途，请放心填写！

第一部分：基础信息部分

　　1.1 您的年龄是_____岁。

　　1.2 您的职业是？

　　A. 在校大学生　B. 农民　C. 私营企业员工　D. 国有企业（含地方国有）员工　E. 中小学教师　F. 高校教师或科研人员　G. 无固定职业者　H. 个体户　I. 其他，请说明

　　1.3 您的性别是？

　　A. 男性　B. 女性

　　1.4 您目前居住在？

　　A. 城市（含在校大学生）　　B. 农村

　　1.5 您父母居住在？

　　A. 城市　B. 农村

　　1.6 您的原生家庭所在地在？

　　A. 东部沿海地区　B. 东北地区　C. 西北地区　D. 西南地区　E. 中部地区

1.7 您个人的月收入是多少？

A. 2 000 元以下　B. 2 000 元至 5 000 元　C. 5 000 元至 10 000 元

D. 10 000 元至 20 000 元　E. 20 000 万元以上

第二部分：消费结构部分

2.1 下列消费支出项，占您消费总支出的比例是多少？

（1）用来购买食品、衣服以及住房（如交房租、还房贷等）的支出占比为？

A. 0~20%　B. 20%~30%　C. 30%~40%　D. 40%~50%

E. 50%~60%

（2）用在参与娱乐活动、交通出行、电话通信的支出占比为？

A. 0~20%　B. 20%~30%　C. 30%~40%　D. 40%~50%

E. 50%~60%

（3）用在参与培训教育、进修方面的支出占比为？

A. 0~20%　B. 20%~30%　C. 30%~40%　D. 40%~50%

E. 50%~60%

2.2 对于消费结构的调整，选择您的认同度（1 表示非常反对，5 表示非常赞同）。

（1）食品及烟酒消费中，您更加注重其质量和安全性	1	2	3	4	5
（2）食品及烟酒消费中，您更加重视商家可提供的数量	1	2	3	4	5
（3）您（或您家庭）在改善居住条件上的花费明显增加	1	2	3	4	5
（4）您在通信（打电话）、网络流量等方面的花费明显增加	1	2	3	4	5
（5）您愿意增加在自身及子女受教育方面的投资	1	2	3	4	5

2.3 对于下列 8 大类产品，您认为未来 3 年消费支出最多的应当是？

A. 食品及烟酒　B. 购房或租房　C. 衣服　D. 医疗保健

E. 交通出行及通信　F. 家庭生活用品　G. 教育培训及娱乐

H. 生活杂项及其他

第三部分：消费习惯，影响因素

3.1 您家庭接入宽带网络的时间长度是？

A. 至今未使用宽带网络

B. 有宽带网络，但接入时间不超过 3 年

C. 已接入宽带网络，且时间超过 3 年

3.2 您认为互联网、电子商务平台对您日常消费的影响如何？

A. 无影响　B. 影响较小　C. 一般　D. 影响较大　E. 影响非常大

3.3 如果出现了一种新的网络销售平台（电商平台），您在该平台消费的可能性有多大？

A. 不会在该平台消费　B. 偶尔在该平台消费　C. 经常在该平台消费

3.4 对于市场上新推出的产品，您在消费前首先要考虑的是？

A. 对自己有没有用　B. 产品的价格　C. 产品的性能　D. 产品的外观

3.5 您认为互联网对您消费的影响主要有哪些？（多选并排序）

A. 互联网信息使您更便捷地掌握新产品动态

B. 互联网提高了产品消费的质量和层次

C. 互联网改进了商家的产品外观设计

D. 互联网增加了消费者的消费欲望

E. 通过互联网，消费者更容易传递个性化需求选择，并按重要程度排序

3.6 对于互联网及电商环境下，您的消费习惯的形成与概念，选择您的认同度（1 表示非常反对，5 表示非常赞同）。

（1）借助互联网、网络大数据等，您能获得更多、更充分的产品信息	1	2	3	4	5
（2）您能够充分理解通过互联网获得产品信息	1	2	3	4	5
（3）通过互联网获得的产品信息，使您对某些新产品消费形成了稳定的规律	1	2	3	4	5
（4）通过互联网获得的产品信息，使您转变了对以往某项经常消费产品的看法	1	2	3	4	5
（5）因为了解产品信息，所以消除了消费中的安全隐患	1	2	3	4	5
（6）通过了解信息，您增加消费奢侈品的可能性	1	2	3	4	5

(1)借助互联网、网络大数据等，您能获得更多、更充分的产品信息	1	2	3	4	5
(7)在互联网环境下，您的消费更容易受到周围朋友的影响	1	2	3	4	5
(8)网上的评价会影响您对某商品的购买行为	1	2	3	4	5
(9)您喜欢在网上购买新型的电子产品	1	2	3	4	5

第四部分：居民的消费行为

4.1 您通常采取哪种渠道购买日常生活用品？（多选并排序）

A. 淘宝、京东等电商平台　B. 实体或体验店　C. 产品官网

D. 超市（或卖场）　　E. 其他，请说明。

4.2 您平均一周使用网络购买商品的频率是？

A. 1 次及以下　B. 2 次至 3 次　C. 3 次至 4 次　D. 5 次及以上

4.3 对促使你做出产品购买决定的因素，请回答您的赞成程度（1 表示非常反对，5 表示非常赞同）。

(1)在网上对比产品价格后做出购买决定	1	2	3	4	5
(2)在网上对比产品质量和性能参数后做出购买决定	1	2	3	4	5
(3)在网上浏览他人评价后做出购买决定	1	2	3	4	5
(4)经线下实体店体验后做出购买决定	1	2	3	4	5
(5)经周围朋友推荐后做出购买决定	1	2	3	4	5
(6)凭借之前相同产品的消费经验而再次购买	1	2	3	4	5
(7)在网上或其他场所偶尔碰到某商品就可能购买	1	2	3	4	5
(8)购买某个产品后还会将其信息积极地推荐给朋友	1	2	3	4	5
(9)我愿意为在网上为搜索需要的产品花费更多时间	1	2	3	4	5

第五部分：对策与建议

5.1 对改善当前电商平台的建议是什么?

5.2 对完善消费环境的对策建议是什么?

5.3 对加强网络消费安全的对策建议是什么?

附录 2 《中共中央关于制定国民经济和社会发展第十四个五年规划和二〇三五年远景目标的建议》

（**2020** 年 **10** 月 **29** 日中国共产党第十九届中央委员会
第五次全体会议通过）

"十四五"时期是我国全面建成小康社会、实现第一个百年奋斗目标之后，乘势而上开启全面建设社会主义现代化国家新征程、向第二个百年奋斗目标进军的第一个五年。中国共产党第十九届中央委员会第五次全体会议深入分析国际国内形势，就制定国民经济和社会发展"十四五"规划和二〇三五年远景目标提出以下建议。

一、全面建成小康社会，开启全面建设社会主义现代化国家新征程

1. 决胜全面建成小康社会取得决定性成就。"十三五"时期是全面建成小康社会决胜阶段。面对错综复杂的国际形势、艰巨繁重的国内改革发展稳定任务特别是新冠肺炎疫情严重冲击，以习近平同志为核心的党中央不忘初心、牢记使命，团结带领全党全国各族人民砥砺前行、开拓创新，奋发有为推进党和国家各项事业。全面深化改革取得重大突破，全面依法治国取得重大进展，全面从严治党取得重大成果，国家治理体系和治理能力现代化加快推进，中国共产党领导和我国社会主义制度优势进一步彰显；经济实力、科技实力、综合国力跃上新的大台阶，经济运行总体平稳，经济结构持续优化，预计二〇二〇年国内生产总值突破一百万亿元；脱贫攻坚成果举世瞩目，五千五百七十五万农村贫困人口实现脱贫；粮食年产量连续五年稳定在一万三千亿斤以上；污染防治力度加大，生态环境明显改善；对外开放持续扩大，共建"一带一路"成果丰硕；人民生活水平显著提高，高等教育进入普及化阶段，城镇新增就业超过六千万人，建成世界上规模最大的社会保障体系，基本医疗保险覆盖超过十三亿人，基本养老保险覆盖近十亿人，新冠肺炎疫情防控取得重大战略成果；文化事业和文化产业繁荣发展；国防和军队建设水平大幅提升，军队组织形态实现重大变革；国家安全全面加强，社会保持和谐稳定。"十三五"规划目标任务即将完成，全面建成小康社会胜利在望，中华民族伟大复兴向前迈出了新的一大步，社会主义中国以更加雄伟的身姿屹立于世界东方。全党全国各族人民要再接再厉、一鼓作气，确保如期打赢脱贫攻坚战，确保如期全面建成小康

社会、实现第一个百年奋斗目标，为开启全面建设社会主义现代化国家新征程奠定坚实基础。

2. 我国发展环境面临深刻复杂变化。当前和今后一个时期，我国发展仍然处于重要战略机遇期，但机遇和挑战都有新的发展变化。当今世界正经历百年未有之大变局，新一轮科技革命和产业变革深入发展，国际力量对比深刻调整，和平与发展仍然是时代主题，人类命运共同体理念深入人心，同时国际环境日趋复杂，不稳定性不确定性明显增加，新冠肺炎疫情影响广泛深远，经济全球化遭遇逆流，世界进入动荡变革期，单边主义、保护主义、霸权主义对世界和平与发展构成威胁。我国已转向高质量发展阶段，制度优势显著，治理效能提升，经济长期向好，物质基础雄厚，人力资源丰富，市场空间广阔，发展韧性强劲，社会大局稳定，继续发展具有多方面优势和条件，同时我国发展不平衡不充分问题仍然突出，重点领域关键环节改革任务仍然艰巨，创新能力不适应高质量发展要求，农业基础还不稳固，城乡区域发展和收入分配差距较大，生态环保任重道远，民生保障存在短板，社会治理还有弱项。全党要统筹中华民族伟大复兴战略全局和世界百年未有之大变局，深刻认识我国社会主要矛盾变化带来的新特征新要求，深刻认识错综复杂的国际环境带来的新矛盾新挑战，增强机遇意识和风险意识，立足社会主义初级阶段基本国情，保持战略定力，办好自己的事，认识和把握发展规律，发扬斗争精神，树立底线思维，准确识变、科学应变、主动求变，善于在危机中育先机、于变局中开新局，抓住机遇，应对挑战，趋利避害，奋勇前进。

3. 到二〇三五年基本实现社会主义现代化远景目标。党的十九大对实现第二个百年奋斗目标作出分两个阶段推进的战略安排，即到二〇三五年基本实现社会主义现代化，到本世纪中叶把我国建成富强民主文明和谐美丽的社会主义现代化强国。展望二〇三五年，我国经济实力、科技实力、综合国力将大幅跃升，经济总量和城乡居民人均收入将再迈上新的大台阶，关键核心技术实现重大突破，进入创新型国家前列；基本实现新型工业化、信息化、城镇化、农业现代化，建成现代化经济体系；基本实现国家治理体系和治理能力现代化，人民平等参与、平等发展权利得到充分保障，基本建成法治国家、法治政府、法治社会；建成文化强国、教育强国、人才强国、体育强国、健康中国，国民素质和社会文明程度达到新高度，国家文化软实力显著增强；广泛形成绿色生产生活方式，碳排放达峰后稳中有降，生态环境根本好转，美丽中国建设目标基本实现；形成对外开放新格局，参与国际经济合作和竞争新优势明显增强；人均国内生产总值达到中等发达国家水平，中等收入群体显著扩大，基本公共服务实现均等化，城乡区域发展差距和居民生活水平差距显著缩小；平安中国建设达到更高水平，基本实现国防和军队现代化；人民生活更加美好，人的全面发展、全体人民共同富裕取得更为明显的实质性进展。

二、"十四五"时期经济社会发展指导方针和主要目标

4. "十四五"时期经济社会发展指导思想。高举中国特色社会主义伟大旗帜，深入贯彻党的十九大和十九届二中、三中、四中、五中全会精神，坚持以马克思列宁主义、毛泽东思想、邓小平理论、"三个代表"重要思想、科学发展观、习近平新时代中国特色社会主义思想为指导，全面贯彻党的基本理论、基本路线、基本方略，统筹推进经济建设、政治建设、文化建设、社会建设、生态文明建设的总体布局，协调推进全面建设社会主义现代化国家、全面深化改革、全面依法治国、全面从严治党的战略布局，坚定不移贯彻创新、协调、绿色、开放、共享的新发展理念，坚持稳中求进工作总基调，以推动高质量发展为主题，以深化供给侧结构性改革为主线，以改革创新为根本动力，以满足人民日益增长的美好生活需要为根本目的，统筹发展和安全，加快建设现代化经济体系，加快构建以国内大循环为主体、国内国际双循环相互促进的新发展格局，推进国家治理体系和治理能力现代化，实现经济行稳致远、社会安定和谐，为全面建设社会主义现代化国家开好局、起好步。

5. "十四五"时期经济社会发展必须遵循的原则。

——坚持党的全面领导。坚持和完善党领导经济社会发展的体制机制，坚持和完善中国特色社会主义制度，不断提高贯彻新发展理念、构建新发展格局能力和水平，为实现高质量发展提供根本保证。

——坚持以人民为中心。坚持人民主体地位，坚持共同富裕方向，始终做到发展为了人民、发展依靠人民、发展成果由人民共享，维护人民根本利益，激发全体人民积极性、主动性、创造性，促进社会公平，增进民生福祉，不断实现人民对美好生活的向往。

——坚持新发展理念。把新发展理念贯穿发展全过程和各领域，构建新发展格局，切实转变发展方式，推动质量变革、效率变革、动力变革，实现更高质量、更有效率、更加公平、更可持续、更为安全的发展。

——坚持深化改革开放。坚定不移推进改革，坚定不移扩大开放，加强国家治理体系和治理能力现代化建设，破除制约高质量发展、高品质生活的体制机制障碍，强化有利于提高资源配置效率、有利于调动全社会积极性的重大改革开放举措，持续增强发展动力和活力。

——坚持系统观念。加强前瞻性思考、全局性谋划、战略性布局、整体性推进，统筹国内国际两个大局，办好发展安全两件大事，坚持全国一盘棋，更好发挥中央、地方和各方面积极性，着力固根基、扬优势、补短板、强弱项，注重防范化解重大风险挑战，实现发展质量、结构、规模、速度、效益、安全相统一。

6. "十四五"时期经济社会发展主要目标。锚定二〇三五年远景目标，综合考虑国内外发展趋势和我国发展条件，坚持目标导向和问题导向相结合，坚持守正和创新相统一，今后五年经济社会发展要努力实现以下主要目标。

——经济发展取得新成效。发展是解决我国一切问题的基础和关键，发展必须坚持新发展理念，在质量效益明显提升的基础上实现经济持续健康发展，增长潜力充分发挥，国内市场更加强大，经济结构更加优化，创新能力显著提升，产业基础高级化、产业链现代化水平明显提高，农业基础更加稳固，城乡区域发展协调性明显增强，现代化经济体系建设取得重大进展。

——改革开放迈出新步伐。社会主义市场经济体制更加完善，高标准市场体系基本建成，市场主体更加充满活力，产权制度改革和要素市场化配置改革取得重大进展，公平竞争制度更加健全，更高水平开放型经济新体制基本形成。

——社会文明程度得到新提高。社会主义核心价值观深入人心，人民思想道德素质、科学文化素质和身心健康素质明显提高，公共文化服务体系和文化产业体系更加健全，人民精神文化生活日益丰富，中华文化影响力进一步提升，中华民族凝聚力进一步增强。

——生态文明建设实现新进步。国土空间开发保护格局得到优化，生产生活方式绿色转型成效显著，能源资源配置更加合理、利用效率大幅提高，主要污染物排放总量持续减少，生态环境持续改善，生态安全屏障更加牢固，城乡人居环境明显改善。

——民生福祉达到新水平。实现更加充分更高质量就业，居民收入增长和经济增长基本同步，分配结构明显改善，基本公共服务均等化水平明显提高，全民受教育程度不断提升，多层次社会保障体系更加健全，卫生健康体系更加完善，脱贫攻坚成果巩固拓展，乡村振兴战略全面推进。

——国家治理效能得到新提升。社会主义民主法治更加健全，社会公平正义进一步彰显，国家行政体系更加完善，政府作用更好发挥，行政效率和公信力显著提升，社会治理特别是基层治理水平明显提高，防范化解重大风险体制机制不断健全，突发公共事件应急能力显著增强，自然灾害防御水平明显提升，发展安全保障更加有力，国防和军队现代化迈出重大步伐。

三、坚持创新驱动发展，全面塑造发展新优势

坚持创新在我国现代化建设全局中的核心地位，把科技自立自强作为国家发展的战略支撑，面向世界科技前沿、面向经济主战场、面向国家重大需求、面向人民生命健康，深入实施科教兴国战略、人才强国战略、创新驱动发展战略，完善国家创新体系，加快建设科技强国。

7. 强化国家战略科技力量。制定科技强国行动纲要，健全社会主义市场经济条件下新型举国体制，打好关键核心技术攻坚战，提高创新链整体效能。加强基础研究、注重原始创新，优化学科布局和研发布局，推进学科交叉融合，完善共性基础技术供给体系。瞄准人工智能、量子信息、集成电路、生命健康、脑科学、生物育种、空天科技、深地深海等前沿领域，实施一批具有前瞻性、战略性的国家重大科技项目。制定实施战略性科学计划和科学工程，推进科研院所、高校、企业科研力量优化配置和资源共享。推进国家实验室建设，重组国家重点实验室体系。布局建设综合性国家科学中心和区域性创新高地，支持北京、上海、粤港澳大湾区形成国际科技创新中心。构建国家科研论文和科技信息高端交流平台。

8. 提升企业技术创新能力。强化企业创新主体地位，促进各类创新要素向企业集聚。推进产学研深度融合，支持企业牵头组建创新联合体，承担国家重大科技项目。发挥企业家在技术创新中的重要作用，鼓励企业加大研发投入，对企业投入基础研究实行税收优惠。发挥大企业引领支撑作用，支持创新型中小微企业成长为创新重要发源地，加强共性技术平台建设，推动产业链上中下游、大中小企业融通创新。

9. 激发人才创新活力。贯彻尊重劳动、尊重知识、尊重人才、尊重创造方针，深化人才发展体制机制改革，全方位培养、引进、用好人才，造就更多国际一流的科技领军人才和创新团队，培养具有国际竞争力的青年科技人才后备军。健全以创新能力、质量、实效、贡献为导向的科技人才评价体系。加强学风建设，坚守学术诚信。深化院士制度改革。健全创新激励和保障机制，构建充分体现知识、技术等创新要素价值的收益分配机制，完善科研人员职务发明成果权益分享机制。加强创新型、应用型、技能型人才培养，实施知识更新工程、技能提升行动，壮大高水平工程师和高技能人才队伍。支持发展高水平研究型大学，加强基础研究人才培养。实行更加开放的人才政策，构筑集聚国内外优秀人才的科研创新高地。

10. 完善科技创新体制机制。深入推进科技体制改革，完善国家科技治理体系，优化国家科技规划体系和运行机制，推动重点领域项目、基地、人才、资金一体化配置。改进科技项目组织管理方式，实行"揭榜挂帅"等制度。完善科技评价机制，优化科技奖励项目。加快科研院所改革，扩大科研自主权。加强知识产权保护，大幅提高科技成果转移转化成效。加大研发投入，健全政府投入为主、社会多渠道投入机制，加大对基础前沿研究支持。完善金融支持创新体系，促进新技术产业化规模化应用。弘扬科学精神和工匠精神，加强科普工作，营造崇尚创新的社会氛围。健全科技伦理体系。促进科技开放合作，研究设立面向全球的科学研究基金。

四、加快发展现代产业体系，推动经济体系优化升级

坚持把发展经济着力点放在实体经济上，坚定不移建设制造强国、质量强国、网络强国、数字中国，推进产业基础高级化、产业链现代化，提高经济质量效益和核心竞争力。

11. 提升产业链供应链现代化水平。保持制造业比重基本稳定，巩固壮大实体经济根基。坚持自主可控、安全高效，分行业做好供应链战略设计和精准施策，推动全产业链优化升级。锻造产业链供应链长板，立足我国产业规模优势、配套优势和部分领域先发优势，打造新兴产业链，推动传统产业高端化、智能化、绿色化，发展服务型制造。完善国家质量基础设施，加强标准、计量、专利等体系和能力建设，深入开展质量提升行动。促进产业在国内有序转移，优化区域产业链布局，支持老工业基地转型发展。补齐产业链供应链短板，实施产业基础再造工程，加大重要产品和关键核心技术攻关力度，发展先进适用技术，推动产业链供应链多元化。优化产业链供应链发展环境，强化要素支撑。加强国际产业安全合作，形成具有更强创新力、更高附加值、更安全可靠的产业链供应链。

12. 发展战略性新兴产业。加快壮大新一代信息技术、生物技术、新能源、新材料、高端装备、新能源汽车、绿色环保以及航空航天、海洋装备等产业。推动互联网、大数据、人工智能等同各产业深度融合，推动先进制造业集群发展，构建一批各具特色、优势互补、结构合理的战略性新兴产业增长引擎，培育新技术、新产品、新业态、新模式。促进平台经济、共享经济健康发展。鼓励企业兼并重组，防止低水平重复建设。

13. 加快发展现代服务业。推动生产性服务业向专业化和价值链高端延伸，推动各类市场主体参与服务供给，加快发展研发设计、现代物流、法律服

务等服务业，推动现代服务业同先进制造业、现代农业深度融合，加快推进服务业数字化。推动生活性服务业向高品质和多样化升级，加快发展健康、养老、育幼、文化、旅游、体育、家政、物业等服务业，加强公益性、基础性服务业供给。推进服务业标准化、品牌化建设。

14. 统筹推进基础设施建设。构建系统完备、高效实用、智能绿色、安全可靠的现代化基础设施体系。系统布局新型基础设施，加快第五代移动通信、工业互联网、大数据中心等建设。加快建设交通强国，完善综合运输大通道、综合交通枢纽和物流网络，加快城市群和都市圈轨道交通网络化，提高农村和边境地区交通通达深度。推进能源革命，完善能源产供储销体系，加强国内油气勘探开发，加快油气储备设施建设，加快全国干线油气管道建设，建设智慧能源系统，优化电力生产和输送通道布局，提升新能源消纳和存储能力，提升向边远地区输配电能力。加强水利基础设施建设，提升水资源优化配置和水旱灾害防御能力。

15. 加快数字化发展。发展数字经济，推进数字产业化和产业数字化，推动数字经济和实体经济深度融合，打造具有国际竞争力的数字产业集群。加强数字社会、数字政府建设，提升公共服务、社会治理等数字化智能化水平。建立数据资源产权、交易流通、跨境传输和安全保护等基础制度和标准规范，推动数据资源开发利用。扩大基础公共信息数据有序开放，建设国家数据统一共享开放平台。保障国家数据安全，加强个人信息保护。提升全民数字技能，实现信息服务全覆盖。积极参与数字领域国际规则和标准制定。

五、形成强大国内市场，构建新发展格局

坚持扩大内需这个战略基点，加快培育完整内需体系，把实施扩大内需战略同深化供给侧结构性改革有机结合起来，以创新驱动、高质量供给引领和创造新需求。

16. 畅通国内大循环。依托强大国内市场，贯通生产、分配、流通、消费各环节，打破行业垄断和地方保护，形成国民经济良性循环。优化供给结构，改善供给质量，提升供给体系对国内需求的适配性。推动金融、房地产同实体经济均衡发展，实现上下游、产供销有效衔接，促进农业、制造业、服务业、能源资源等产业门类关系协调。破除妨碍生产要素市场化配置和商品服务流通的体制机制障碍，降低全社会交易成本。完善扩大内需的政策支撑体系，形成需求牵引供给、供给创造需求的更高水平动态平衡。

17. 促进国内国际双循环。立足国内大循环，发挥比较优势，协同推进强

大国内市场和贸易强国建设，以国内大循环吸引全球资源要素，充分利用国内国际两个市场两种资源，积极促进内需和外需、进口和出口、引进外资和对外投资协调发展，促进国际收支基本平衡。完善内外贸一体化调控体系，促进内外贸法律法规、监管体制、经营资质、质量标准、检验检疫、认证认可等相衔接，推进同线同标同质。优化国内国际市场布局、商品结构、贸易方式，提升出口质量，增加优质产品进口，实施贸易投资融合工程，构建现代物流体系。

18. 全面促进消费。增强消费对经济发展的基础性作用，顺应消费升级趋势，提升传统消费，培育新型消费，适当增加公共消费。以质量品牌为重点，促进消费向绿色、健康、安全发展，鼓励消费新模式新业态发展。推动汽车等消费品由购买管理向使用管理转变，促进住房消费健康发展。健全现代流通体系，发展无接触交易服务，降低企业流通成本，促进线上线下消费融合发展，开拓城乡消费市场。发展服务消费，放宽服务消费领域市场准入。完善节假日制度，落实带薪休假制度，扩大节假日消费。培育国际消费中心城市。改善消费环境，强化消费者权益保护。

19. 拓展投资空间。优化投资结构，保持投资合理增长，发挥投资对优化供给结构的关键作用。加快补齐基础设施、市政工程、农业农村、公共安全、生态环保、公共卫生、物资储备、防灾减灾、民生保障等领域短板，推动企业设备更新和技术改造，扩大战略性新兴产业投资。推进新型基础设施、新型城镇化、交通水利等重大工程建设，支持有利于城乡区域协调发展的重大项目建设。实施川藏铁路、西部陆海新通道、国家水网、雅鲁藏布江下游水电开发、星际探测、北斗产业化等重大工程，推进重大科研设施、重大生态系统保护修复、公共卫生应急保障、重大引调水、防洪减灾、送电输气、沿边沿江沿海交通等一批强基础、增功能、利长远的重大项目建设。发挥政府投资撬动作用，激发民间投资活力，形成市场主导的投资内生增长机制。

六、全面深化改革，构建高水平社会主义市场经济体制

坚持和完善社会主义基本经济制度，充分发挥市场在资源配置中的决定性作用，更好发挥政府作用，推动有效市场和有为政府更好结合。

20. 激发各类市场主体活力。毫不动摇巩固和发展公有制经济，毫不动摇鼓励、支持、引导非公有制经济发展。深化国资国企改革，做强做优做大国有资本和国有企业。加快国有经济布局优化和结构调整，发挥国有经济战略支撑作用。加快完善中国特色现代企业制度，深化国有企业混合所有制改革。健全管资本为主的国有资产监管体制，深化国有资本投资、运营公司改革。推进能

源、铁路、电信、公用事业等行业竞争性环节市场化改革。优化民营经济发展环境，构建亲清政商关系，促进非公有制经济健康发展和非公有制经济人士健康成长，依法平等保护民营企业产权和企业家权益，破除制约民营企业发展的各种壁垒，完善促进中小微企业和个体工商户发展的法律环境和政策体系。弘扬企业家精神，加快建设世界一流企业。

21. 完善宏观经济治理。健全以国家发展规划为战略导向，以财政政策和货币政策为主要手段，就业、产业、投资、消费、环保、区域等政策紧密配合，目标优化、分工合理、高效协同的宏观经济治理体系。完善宏观经济政策制定和执行机制，重视预期管理，提高调控的科学性。加强国际宏观经济政策协调，搞好跨周期政策设计，提高逆周期调节能力，促进经济总量平衡、结构优化、内外均衡。加强宏观经济治理数据库等建设，提升大数据等现代技术手段辅助治理能力。推进统计现代化改革。

22. 建立现代财税金融体制。加强财政资源统筹，加强中期财政规划管理，增强国家重大战略任务财力保障。深化预算管理制度改革，强化对预算编制的宏观指导。推进财政支出标准化，强化预算约束和绩效管理。明确中央和地方政府事权与支出责任，健全省以下财政体制，增强基层公共服务保障能力。完善现代税收制度，健全地方税、直接税体系，优化税制结构，适当提高直接税比重，深化税收征管制度改革。健全政府债务管理制度。建设现代中央银行制度，完善货币供应调控机制，稳妥推进数字货币研发，健全市场化利率形成和传导机制。构建金融有效支持实体经济的体制机制，提升金融科技水平，增强金融普惠性。深化国有商业银行改革，支持中小银行和农村信用社持续健康发展，改革优化政策性金融。全面实行股票发行注册制，建立常态化退市机制，提高直接融资比重。推进金融双向开放。完善现代金融监管体系，提高金融监管透明度和法治化水平，完善存款保险制度，健全金融风险预防、预警、处置、问责制度体系，对违法违规行为零容忍。

23. 建设高标准市场体系。健全市场体系基础制度，坚持平等准入、公正监管、开放有序、诚信守法，形成高效规范、公平竞争的国内统一市场。实施高标准市场体系建设行动。健全产权执法司法保护制度。实施统一的市场准入负面清单制度。继续放宽准入限制。健全公平竞争审查机制，加强反垄断和反不正当竞争执法司法，提升市场综合监管能力。深化土地管理制度改革。推进土地、劳动力、资本、技术、数据等要素市场化改革。健全要素市场运行机制，完善要素交易规则和服务体系。

24. 加快转变政府职能。建设职责明确、依法行政的政府治理体系。深化简政放权、放管结合、优化服务改革，全面实行政府权责清单制度。持续优化市场化法治化国际化营商环境。实施涉企经营许可事项清单管理，加强事中事后监管，对新产业新业态实行包容审慎监管。健全重大政策事前评估和事后评价制度，畅通参与政策制定的渠道，提高决策科学化、民主化、法治化水平。推进政务服务标准化、规范化、便利化，深化政务公开。深化行业协会、商会和中介机构改革。

七、优先发展农业农村，全面推进乡村振兴

坚持把解决好"三农"问题作为全党工作重中之重，走中国特色社会主义乡村振兴道路，全面实施乡村振兴战略，强化以工补农、以城带乡，推动形成工农互促、城乡互补、协调发展、共同繁荣的新型工农城乡关系，加快农业农村现代化。

25. 提高农业质量效益和竞争力。适应确保国计民生要求，以保障国家粮食安全为底线，健全农业支持保护制度。坚持最严格的耕地保护制度，深入实施藏粮于地、藏粮于技战略，加大农业水利设施建设力度，实施高标准农田建设工程，强化农业科技和装备支撑，提高农业良种化水平，健全动物防疫和农作物病虫害防治体系，建设智慧农业。强化绿色导向、标准引领和质量安全监管，建设农业现代化示范区。推动农业供给侧结构性改革，优化农业生产结构和区域布局，加强粮食生产功能区、重要农产品生产保护区和特色农产品优势区建设，推进优质粮食工程。完善粮食主产区利益补偿机制。保障粮、棉、油、糖、肉等重要农产品供给安全，提升收储调控能力。开展粮食节约行动。发展县域经济，推动农村一二三产业融合发展，丰富乡村经济业态，拓展农民增收空间。

26. 实施乡村建设行动。把乡村建设摆在社会主义现代化建设的重要位置。强化县城综合服务能力，把乡镇建成服务农民的区域中心。统筹县域城镇和村庄规划建设，保护传统村落和乡村风貌。完善乡村水、电、路、气、通信、广播电视、物流等基础设施，提升农房建设质量。因地制宜推进农村改厕、生活垃圾处理和污水治理，实施河湖水系综合整治，改善农村人居环境。提高农民科技文化素质，推动乡村人才振兴。

27. 深化农村改革。健全城乡融合发展机制，推动城乡要素平等交换、双向流动，增强农业农村发展活力。落实第二轮土地承包到期后再延长三十年政策，加快培育农民合作社、家庭农场等新型农业经营主体，健全农业专业化社会化服务体系，发展多种形式适度规模经营，实现小农户和现代农业有机衔

接。健全城乡统一的建设用地市场，积极探索实施农村集体经营性建设用地入市制度。建立土地征收公共利益用地认定机制，缩小土地征收范围。探索宅基地所有权、资格权、使用权分置实现形式。保障进城落户农民土地承包权、宅基地使用权、集体收益分配权，鼓励依法自愿有偿转让。深化农村集体产权制度改革，发展新型农村集体经济。健全农村金融服务体系，发展农业保险。

28. 实现巩固拓展脱贫攻坚成果同乡村振兴有效衔接。建立农村低收入人口和欠发达地区帮扶机制，保持财政投入力度总体稳定，接续推进脱贫地区发展。健全防止返贫监测和帮扶机制，做好易地扶贫搬迁后续帮扶工作，加强扶贫项目资金资产管理和监督，推动特色产业可持续发展。健全农村社会保障和救助制度。在西部地区脱贫县中集中支持一批乡村振兴重点帮扶县，增强其巩固脱贫成果及内生发展能力。坚持和完善东西部协作和对口支援、社会力量参与帮扶等机制。

八、优化国土空间布局，推进区域协调发展和新型城镇化

坚持实施区域重大战略、区域协调发展战略、主体功能区战略，健全区域协调发展体制机制，完善新型城镇化战略，构建高质量发展的国土空间布局和支撑体系。

29. 构建国土空间开发保护新格局。立足资源环境承载能力，发挥各地比较优势，逐步形成城市化地区、农产品主产区、生态功能区三大空间格局，优化重大基础设施、重大生产力和公共资源布局。支持城市化地区高效集聚经济和人口、保护基本农田和生态空间，支持农产品主产区增强农业生产能力，支持生态功能区把发展重点放到保护生态环境、提供生态产品上，支持生态功能区的人口逐步有序转移，形成主体功能明显、优势互补、高质量发展的国土空间开发保护新格局。

30. 推动区域协调发展。推动西部大开发形成新格局，推动东北振兴取得新突破，促进中部地区加快崛起，鼓励东部地区加快推进现代化。支持革命老区、民族地区加快发展，加强边疆地区建设，推进兴边富民、稳边固边。推进京津冀协同发展、长江经济带发展、粤港澳大湾区建设、长三角一体化发展，打造创新平台和新增长极。推动黄河流域生态保护和高质量发展。高标准、高质量建设雄安新区。坚持陆海统筹，发展海洋经济，建设海洋强国。健全区域战略统筹、市场一体化发展、区域合作互助、区际利益补偿等机制，更好促进发达地区和欠发达地区、东中西部和东北地区共同发展。完善转移支付制度，加大对欠发达地区财力支持，逐步实现基本公共服务均等化。

31. 推进以人为核心的新型城镇化。实施城市更新行动，推进城市生态修复、功能完善工程，统筹城市规划、建设、管理，合理确定城市规模、人口密度、空间结构，促进大中小城市和小城镇协调发展。强化历史文化保护、塑造城市风貌，加强城镇老旧小区改造和社区建设，增强城市防洪排涝能力，建设海绵城市、韧性城市。提高城市治理水平，加强特大城市治理中的风险防控。坚持房子是用来住的、不是用来炒的定位，租购并举、因城施策，促进房地产市场平稳健康发展。有效增加保障性住房供给，完善土地出让收入分配机制，探索支持利用集体建设用地按照规划建设租赁住房，完善长租房政策，扩大保障性租赁住房供给。深化户籍制度改革，完善财政转移支付和城镇新增建设用地规模与农业转移人口市民化挂钩政策，强化基本公共服务保障，加快农业转移人口市民化。优化行政区划设置，发挥中心城市和城市群带动作用，建设现代化都市圈。推进成渝地区双城经济圈建设。推进以县城为重要载体的城镇化建设。

九、繁荣发展文化事业和文化产业，提高国家文化软实力

坚持马克思主义在意识形态领域的指导地位，坚定文化自信，坚持以社会主义核心价值观引领文化建设，加强社会主义精神文明建设，围绕举旗帜、聚民心、育新人、兴文化、展形象的使命任务，促进满足人民文化需求和增强人民精神力量相统一，推进社会主义文化强国建设。

32. 提高社会文明程度。推动形成适应新时代要求的思想观念、精神面貌、文明风尚、行为规范。深入开展习近平新时代中国特色社会主义思想学习教育，推进马克思主义理论研究和建设工程。推动理想信念教育常态化制度化，加强党史、新中国史、改革开放史、社会主义发展史教育，加强爱国主义、集体主义、社会主义教育，弘扬党和人民在各个历史时期奋斗中形成的伟大精神，推进公民道德建设，实施文明创建工程，拓展新时代文明实践中心建设。健全志愿服务体系，广泛开展志愿服务关爱行动。弘扬诚信文化，推进诚信建设。提倡艰苦奋斗、勤俭节约，开展以劳动创造幸福为主题的宣传教育。加强家庭、家教、家风建设。加强网络文明建设，发展积极健康的网络文化。

33. 提升公共文化服务水平。全面繁荣新闻出版、广播影视、文学艺术、哲学社会科学事业。实施文艺作品质量提升工程，加强现实题材创作生产，不断推出反映时代新气象、讴歌人民新创造的文艺精品。推进媒体深度融合，实施全媒体传播工程，做强新型主流媒体，建强用好县级融媒体中心。推进城乡公共文化服务体系一体建设，创新实施文化惠民工程，广泛开展群众性文化活

动，推动公共文化数字化建设。加强国家重大文化设施和文化项目建设，推进国家版本馆、国家文献储备库、智慧广电等工程。传承弘扬中华优秀传统文化，加强文物古籍保护、研究、利用，强化重要文化和自然遗产、非物质文化遗产系统性保护，加强各民族优秀传统手工艺保护和传承，建设长城、大运河、长征、黄河等国家文化公园。广泛开展全民健身运动，增强人民体质。筹办好北京冬奥会、冬残奥会。

34. 健全现代文化产业体系。坚持把社会效益放在首位、社会效益和经济效益相统一，深化文化体制改革，完善文化产业规划和政策，加强文化市场体系建设，扩大优质文化产品供给。实施文化产业数字化战略，加快发展新型文化企业、文化业态、文化消费模式。规范发展文化产业园区，推动区域文化产业带建设。推动文化和旅游融合发展，建设一批富有文化底蕴的世界级旅游景区和度假区，打造一批文化特色鲜明的国家级旅游休闲城市和街区，发展红色旅游和乡村旅游。以讲好中国故事为着力点，创新推进国际传播，加强对外文化交流和多层次文明对话。

十、推动绿色发展，促进人与自然和谐共生

坚持绿水青山就是金山银山理念，坚持尊重自然、顺应自然、保护自然，坚持节约优先、保护优先、自然恢复为主，守住自然生态安全边界。深入实施可持续发展战略，完善生态文明领域统筹协调机制，构建生态文明体系，促进经济社会发展全面绿色转型，建设人与自然和谐共生的现代化。

35. 加快推动绿色低碳发展。强化国土空间规划和用途管控，落实生态保护、基本农田、城镇开发等空间管控边界，减少人类活动对自然空间的占用。强化绿色发展的法律和政策保障，发展绿色金融，支持绿色技术创新，推进清洁生产，发展环保产业，推进重点行业和重要领域绿色化改造。推动能源清洁低碳安全高效利用。发展绿色建筑。开展绿色生活创建活动。降低碳排放强度，支持有条件的地方率先达到碳排放峰值，制定二〇三〇年前碳排放达峰行动方案。

36. 持续改善环境质量。增强全社会生态环保意识，深入打好污染防治攻坚战。继续开展污染防治行动，建立地上地下、陆海统筹的生态环境治理制度。强化多污染物协同控制和区域协同治理，加强细颗粒物和臭氧协同控制，基本消除重污染天气。治理城乡生活环境，推进城镇污水管网全覆盖，基本消除城市黑臭水体。推进化肥农药减量化和土壤污染治理，加强白色污染治理。加强危险废物医疗废物收集处理。完成重点地区危险化学品生产企业搬迁改造。重视新污染物治理。全面实行排污许可制，推进排污权、用能权、用水权、碳排放权市场化交易。完善环境保护、节能减排约束性指标管理。完善中央生态环境保护督察制度。积极参与和引领应对气候变化等生态环保国际合作。

37. 提升生态系统质量和稳定性。坚持山水林田湖草系统治理，构建以国家公园为主体的自然保护地体系。实施生物多样性保护重大工程。加强外来物种管控。强化河湖长制，加强大江大河和重要湖泊湿地生态保护治理，实施好长江十年禁渔。科学推进荒漠化、石漠化、水土流失综合治理，开展大规模国土绿化行动，推行林长制。推行草原森林河流湖泊休养生息，加强黑土地保护，健全耕地休耕轮作制度。加强全球气候变暖对我国承受力脆弱地区影响的观测，完善自然保护地、生态保护红线监管制度，开展生态系统保护成效监测评估。

38. 全面提高资源利用效率。健全自然资源资产产权制度和法律法规，加强自然资源调查评价监测和确权登记，建立生态产品价值实现机制，完善市场化、多元化生态补偿，推进资源总量管理、科学配置、全面节约、循环利用。实施国家节水行动，建立水资源刚性约束制度。提高海洋资源、矿产资源开发保护水平。完善资源价格形成机制。推行垃圾分类和减量化、资源化。加快构建废旧物资循环利用体系。

十一、实行高水平对外开放，开拓合作共赢新局面

坚持实施更大范围、更宽领域、更深层次对外开放，依托我国大市场优势，促进国际合作，实现互利共赢。

39. 建设更高水平开放型经济新体制。全面提高对外开放水平，推动贸易和投资自由化便利化，推进贸易创新发展，增强对外贸易综合竞争力。完善外商投资准入前国民待遇加负面清单管理制度，有序扩大服务业对外开放，依法保护外资企业合法权益，健全促进和保障境外投资的法律、政策和服务体系，坚定维护中国企业海外合法权益，实现高质量引进来和高水平走出去。完善自由贸易试验区布局，赋予其更大改革自主权，稳步推进海南自由贸易港建设，建设对外开放新高地。稳慎推进人民币国际化，坚持市场驱动和企业自主选择，营造以人民币自由使用为基础的新型互利合作关系。发挥好中国国际进口博览会等重要展会平台作用。

40. 推动共建"一带一路"高质量发展。坚持共商共建共享原则，秉持绿色、开放、廉洁理念，深化务实合作，加强安全保障，促进共同发展。推进基础设施互联互通，拓展第三方市场合作。构筑互利共赢的产业链供应链合作体系，深化国际产能合作，扩大双向贸易和投资。坚持以企业为主体，以市场为导向，遵循国际惯例和债务可持续原则，健全多元化投融资体系。推进战略、规划、机制对接，加强政策、规则、标准联通。深化公共卫生、数字经济、绿色发展、科技教育合作，促进人文交流。

41. 积极参与全球经济治理体系改革。坚持平等协商、互利共赢，推动二十国集团等发挥国际经济合作功能。维护多边贸易体制，积极参与世界贸易组织改革，推动完善更加公正合理的全球经济治理体系。积极参与多双边区域投资贸易合作机制，推动新兴领域经济治理规则制定，提高参与国际金融治理能力。实施自由贸易区提升战略，构建面向全球的高标准自由贸易区网络。

十二、改善人民生活品质，提高社会建设水平

坚持把实现好、维护好、发展好最广大人民根本利益作为发展的出发点和落脚点，尽力而为、量力而行，健全基本公共服务体系，完善共建共治共享的社会治理制度，扎实推动共同富裕，不断增强人民群众获得感、幸福感、安全感，促进人的全面发展和社会全面进步。

42. 提高人民收入水平。坚持按劳分配为主体、多种分配方式并存，提高劳动报酬在初次分配中的比重，完善工资制度，健全工资合理增长机制，着力提高低收入群体收入，扩大中等收入群体。完善按要素分配政策制度，健全各类生产要素由市场决定报酬的机制，探索通过土地、资本等要素使用权、收益权增加中低收入群体要素收入。多渠道增加城乡居民财产性收入。完善再分配机制，加大税收、社保、转移支付等调节力度和精准性，合理调节过高收入，取缔非法收入。发挥第三次分配作用，发展慈善事业，改善收入和财富分配格局。

43. 强化就业优先政策。千方百计稳定和扩大就业，坚持经济发展就业导向，扩大就业容量，提升就业质量，促进充分就业，保障劳动者待遇和权益。健全就业公共服务体系、劳动关系协调机制、终身职业技能培训制度。更加注重缓解结构性就业矛盾，加快提升劳动者技能素质，完善重点群体就业支持体系，统筹城乡就业政策体系。扩大公益性岗位安置，帮扶残疾人、零就业家庭成员就业。完善促进创业带动就业、多渠道灵活就业的保障制度，支持和规范发展新就业形态，健全就业需求调查和失业监测预警机制。

44. 建设高质量教育体系。全面贯彻党的教育方针，坚持立德树人，加强师德师风建设，培养德智体美劳全面发展的社会主义建设者和接班人。健全学

校家庭社会协同育人机制，提升教师教书育人能力素质，增强学生文明素养、社会责任意识、实践本领，重视青少年身体素质和心理健康教育。坚持教育公益性原则，深化教育改革，促进教育公平，推动义务教育均衡发展和城乡一体化，完善普惠性学前教育和特殊教育、专门教育保障机制，鼓励高中阶段学校多样化发展。加大人力资本投入，增强职业技术教育适应性，深化职普融通、产教融合、校企合作，探索中国特色学徒制，大力培养技术技能人才。提高高等教育质量，分类建设一流大学和一流学科，加快培养理工农医类专业紧缺人才。提高民族地区教育质量和水平，加大国家通用语言文字推广力度。支持和规范民办教育发展，规范校外培训机构。发挥在线教育优势，完善终身学习体系，建设学习型社会。

45. 健全多层次社会保障体系。健全覆盖全民、统筹城乡、公平统一、可持续的多层次社会保障体系。推进社保转移接续，健全基本养老、基本医疗保险筹资和待遇调整机制。实现基本养老保险全国统筹，实施渐进式延迟法定退休年龄。发展多层次、多支柱养老保险体系。推动基本医疗保险、失业保险、工伤保险省级统筹，健全重大疾病医疗保险和救助制度，落实异地就医结算，稳步建立长期护理保险制度，积极发展商业医疗保险。健全灵活就业人员社保制度。健全退役军人工作体系和保障制度。健全分层分类的社会救助体系。坚持男女平等基本国策，保障妇女儿童合法权益。健全老年人、残疾人关爱服务体系和设施，完善帮扶残疾人、孤儿等社会福利制度。完善全国统一的社会保险公共服务平台。

46. 全面推进健康中国建设。把保障人民健康放在优先发展的战略位置，坚持预防为主的方针，深入实施健康中国行动，完善国民健康促进政策，织牢国家公共卫生防护网，为人民提供全方位全周期健康服务。改革疾病预防控制体系，强化监测预警、风险评估、流行病学调查、检验检测、应急处置等职能。建立稳定的公共卫生事业投入机制，加强人才队伍建设，改善疾控基础条件，完善公共卫生服务项目，强化基层公共卫生体系。落实医疗机构公共卫生责任，创新医防协同机制。完善突发公共卫生事件监测预警处置机制，健全医疗救治、科技支撑、物资保障体系，提高应对突发公共卫生事件能力。坚持基本医疗卫生事业公益属性，深化医药卫生体制改革，加快优质医疗资源扩容和区域均衡布局，加快建设分级诊疗体系，加强公立医院建设和管理考核，推进国家组织药品和耗材集中采购使用改革，发展高端医疗设备。支持社会办医，推广远程医疗。坚持中西医并重，大力发展中医药事业。提升健康教育、慢病管理和残疾康复服务质量，重视精神卫生和心理健康。深入开展爱国卫生运动，促进全民养成文明健康生活方式。完善全民健身公共服务体系。加快发展健康产业。

47. 实施积极应对人口老龄化国家战略。制定人口长期发展战略，优化生育政策，增强生育政策包容性，提高优生优育服务水平，发展普惠托育服务体系，降低生育、养育、教育成本，促进人口长期均衡发展，提高人口素质。积极开发老龄人力资源，发展银发经济。推动养老事业和养老产业协同发展，健全基本养老服务体系，发展普惠型养老服务和互助性养老，支持家庭承担养老功能，培育养老新业态，构建居家社区机构相协调、医养康养相结合的养老服务体系，健全养老服务综合监管制度。

48. 加强和创新社会治理。完善社会治理体系，健全党组织领导的自治、法治、德治相结合的城乡基层治理体系，完善基层民主协商制度，实现政府治理同社会调节、居民自治良性互动，建设人人有责、人人尽责、人人享有的社会治理共同体。发挥群团组织和社会组织在社会治理中的作用，畅通和规范市场主体、新社会阶层、社会工作者和志愿者等参与社会治理的途径。推动社会治理重心向基层下移，向基层放权赋能，加强城乡社区治理和服务体系建设，减轻基层特别是村级组织负担，加强基层社会治理队伍建设，构建网格化管理、精细化服务、信息化支撑、开放共享的基层管理服务平台。加强和创新市域社会治理，推进市域社会治理现代化。

十三、统筹发展和安全，建设更高水平的平安中国

坚持总体国家安全观，实施国家安全战略，维护和塑造国家安全，统筹传统安全和非传统安全，把安全发展贯穿国家发展各领域和全过程，防范和化解影响我国现代化进程的各种风险，筑牢国家安全屏障。

49. 加强国家安全体系和能力建设。完善集中统一、高效权威的国家安全领导体制，健全国家安全法治体系、战略体系、政策体系、人才体系和运行机制，完善重要领域国家安全立法、制度、政策。健全国家安全审查和监管制度，加强国家安全执法。加强国家安全宣传教育，增强全民国家安全意识，巩固国家安全人民防线。坚定维护国家政权安全、制度安全、意识形态安全，全面加强网络安全保障体系和能力建设。严密防范和严厉打击敌对势力渗透、破坏、颠覆、分裂活动。

50. 确保国家经济安全。加强经济安全风险预警、防控机制和能力建设，实现重要产业、基础设施、战略资源、重大科技等关键领域安全可控。实施产业竞争力调查和评价工程，增强产业体系抗冲击能力。确保粮食安全，保障能

源和战略性矿产资源安全。维护水利、电力、供水、油气、交通、通信、网络、金融等重要基础设施安全，提高水资源集约安全利用水平。维护金融安全，守住不发生系统性风险底线。确保生态安全，加强核安全监管，维护新型领域安全。构建海外利益保护和风险预警防范体系。

51. 保障人民生命安全。坚持人民至上、生命至上，把保护人民生命安全摆在首位，全面提高公共安全保障能力。完善和落实安全生产责任制，加强安全生产监管执法，有效遏制危险化学品、矿山、建筑施工、交通等重特大安全事故。强化生物安全保护，提高食品药品等关系人民健康产品和服务的安全保障水平。提升洪涝干旱、森林草原火灾、地质灾害、地震等自然灾害防御工程标准，加快江河控制性工程建设，加快病险水库除险加固，全面推进堤防和蓄滞洪区建设。完善国家应急管理体系，加强应急物资保障体系建设，发展巨灾保险，提高防灾、减灾、抗灾、救灾能力。

52. 维护社会稳定和安全。正确处理新形势下人民内部矛盾，坚持和发展新时代"枫桥经验"，畅通和规范群众诉求表达、利益协调、权益保障通道，完善信访制度，完善各类调解联动工作体系，构建源头防控、排查梳理、纠纷化解、应急处置的社会矛盾综合治理机制。健全社会心理服务体系和危机干预机制。坚持专群结合、群防群治，加强社会治安防控体系建设，坚决防范和打击暴力恐怖、黑恶势力、新型网络犯罪和跨国犯罪，保持社会和谐稳定。

十四、加快国防和军队现代化，实现富国和强军相统一

贯彻习近平强军思想，贯彻新时代军事战略方针，坚持党对人民军队的绝对领导，坚持政治建军、改革强军、科技强军、人才强军、依法治军，加快机械化信息化智能化融合发展，全面加强练兵备战，提高捍卫国家主权、安全、发展利益的战略能力，确保二○二七年实现建军百年奋斗目标。

53. 提高国防和军队现代化质量效益。加快军事理论现代化，与时俱进创新战争和战略指导，健全新时代军事战略体系，发展先进作战理论。加快军队组织形态现代化，深化国防和军队改革，推进军事管理革命，加快军兵种和武警部队转型建设，壮大战略力量和新域新质作战力量，打造高水平战略威慑和联合作战体系，加强军事力量联合训练、联合保障、联合运用。加快军事人员现代化，贯彻新时代军事教育方针，完善三位一体新型军事人才培养体系，锻造高素质专业化军事人才方阵。加快武器装备现代化，聚力国防科技自主创新、原始创新，加速战略性前沿性颠覆性技术发展，加速武器装备升级换代和智能化武器装备发展。

54. 促进国防实力和经济实力同步提升。同国家现代化发展相协调，搞好战略层面筹划，深化资源要素共享，强化政策制度协调，构建一体化国家战略体系和能力。推动重点区域、重点领域、新兴领域协调发展，集中力量实施国防领域重大工程。优化国防科技工业布局，加快标准化通用化进程。完善国防动员体系，健全强边固防机制，强化全民国防教育，巩固军政军民团结。

十五、全党全国各族人民团结起来，为实现"十四五"规划和二〇三五年远景目标而奋斗

实现"十四五"规划和二〇三五年远景目标，必须坚持党的全面领导，充分调动一切积极因素，广泛团结一切可以团结的力量，形成推动发展的强大合力。

55. 加强党中央集中统一领导。贯彻党把方向、谋大局、定政策、促改革的要求，推动全党深入学习贯彻习近平新时代中国特色社会主义思想，增强"四个意识"、坚定"四个自信"、做到"两个维护"，完善上下贯通、执行有力的组织体系，确保党中央决策部署有效落实。落实全面从严治党主体责任、监督责任，提高党的建设质量。深入总结和学习运用中国共产党一百年的宝贵经验，教育引导广大党员、干部坚持共产主义远大理想和中国特色社会主义共同理想，不忘初心、牢记使命，为党和人民事业不懈奋斗。全面贯彻新时代党的组织路线，加强干部队伍建设，落实好干部标准，提高各级领导班子和干部适应新时代新要求抓改革、促发展、保稳定水平和专业化能力，加强对敢担当善作为干部的激励保护，以正确用人导向引领干事创业导向。完善人才工作体系，培养造就大批德才兼备的高素质人才。把严的主基调长期坚持下去，不断增强党自我净化、自我完善、自我革新、自我提高能力。锲而不舍落实中央八项规定精神，持续纠治形式主义、官僚主义，切实为基层减负。完善党和国家监督体系，加强政治监督，强化对公权力运行的制约和监督。坚持无禁区、全覆盖、零容忍，一体推进不敢腐、不能腐、不想腐，营造风清气正的良好政治生态。

56. 推进社会主义政治建设。坚持党的领导、人民当家作主、依法治国有机统一，推进中国特色社会主义政治制度自我完善和发展。坚持和完善人民代表大会制度，加强人大对"一府一委两院"的监督，保障人民依法通过各种途径和形式管理国家事务、管理经济文化事业、管理社会事务。坚持和完善中国共产党领导的多党合作和政治协商制度，加强人民政协专门协商机构建设，发挥社会主义协商民主独特优势，提高建言资政和凝聚共识水平。坚持和完善

民族区域自治制度，全面贯彻党的民族政策，铸牢中华民族共同体意识，促进各民族共同团结奋斗、共同繁荣发展。全面贯彻党的宗教工作基本方针，积极引导宗教与社会主义社会相适应。健全基层群众自治制度，增强群众自我管理、自我服务、自我教育、自我监督实效。发挥工会、共青团、妇联等人民团体作用，把各自联系的群众紧紧凝聚在党的周围。完善大统战工作格局，促进政党关系、民族关系、宗教关系、阶层关系、海内外同胞关系和谐，巩固和发展大团结大联合局面。全面贯彻党的侨务政策，凝聚侨心、服务大局。坚持法治国家、法治政府、法治社会一体建设，完善以宪法为核心的中国特色社会主义法律体系，加强重点领域、新兴领域、涉外领域立法，提高依法行政水平，完善监察权、审判权、检察权运行和监督机制，促进司法公正，深入开展法治宣传教育，有效发挥法治固根本、稳预期、利长远的保障作用，推进法治中国建设。促进人权事业全面发展。

57. 保持香港、澳门长期繁荣稳定。全面准确贯彻"一国两制""港人治港""澳人治澳"、高度自治的方针，坚持依法治港治澳，维护宪法和基本法确定的特别行政区宪制秩序，落实中央对特别行政区全面管治权，落实特别行政区维护国家安全的法律制度和执行机制，维护国家主权、安全、发展利益和特别行政区社会大局稳定。支持特别行政区巩固提升竞争优势，建设国际创新科技中心，打造"一带一路"功能平台，实现经济多元可持续发展。支持香港、澳门更好融入国家发展大局，高质量建设粤港澳大湾区，完善便利港澳居民在内地发展政策措施。增强港澳同胞国家意识和爱国精神。支持香港、澳门同各国各地区开展交流合作。坚决防范和遏制外部势力干预港澳事务。

58. 推进两岸关系和平发展和祖国统一。坚持一个中国原则和"九二共识"，以两岸同胞福祉为依归，推动两岸关系和平发展、融合发展，加强两岸产业合作，打造两岸共同市场，壮大中华民族经济，共同弘扬中华文化。完善保障台湾同胞福祉和在大陆享受同等待遇的制度和政策，支持台商台企参与"一带一路"建设和国家区域协调发展战略，支持符合条件的台资企业在大陆上市，支持福建探索海峡两岸融合发展新路。加强两岸基层和青少年交流。高度警惕和坚决遏制"台独"分裂活动。

59. 积极营造良好外部环境。高举和平、发展、合作、共赢旗帜，坚持独立自主的和平外交政策，推进各领域各层级对外交往，推动构建新型国际关系和人类命运共同体。推进大国协调和合作，深化同周边国家关系，加强同发展中国家团结合作，积极发展全球伙伴关系。坚持多边主义和共商共建共享原则，积极参与全球治理体系改革和建设，加强涉外法治体系建设，加强国际法运用，维护以联合国为核心的国际体系和以国际法为基础的国际秩序，共同应对全球性挑战。积极参与重大传染病防控国际合作，推动构建人类卫生健康共同体。

60. 健全规划制定和落实机制。按照本次全会精神，制定国家和地方"十四五"规划纲要和专项规划，形成定位准确、边界清晰、功能互补、统一衔接的国家规划体系。健全政策协调和工作协同机制，完善规划实施监测评估机制，确保党中央关于"十四五"发展的决策部署落到实处。

实现"十四五"规划和二〇三五年远景目标，意义重大，任务艰巨，前景光明。全党全国各族人民要紧密团结在以习近平同志为核心的党中央周围，同心同德，顽强奋斗，夺取全面建设社会主义现代化国家新胜利！